北京艺术博物馆藏
明代大藏经丝绸裱封研究

杨　玲　主编

學苑出版社

主编：杨玲

副主编：韩战明　薛雁

项目统筹：王群

撰稿：穆朝娜　王淑珍　田晓　刘远洋　王群　韩战明

图片说明：穆朝娜　王淑珍　刘远洋

摄影：孙之常

目 录

序

华丽风采：明代丝绸的实物展现

万 明

文化充满了一切空间和时间，无所不在地渗透到各个领域。有明一代近300年，时间之痕为我们留下了大量珍贵的历史遗产，其中，丝绸是一颗璀璨的明珠。

大藏经丝绸封面的研究，把我们带进明代文化史。

有明一代，是中国古代传统文化集大成的时期。一提到明代文化，我们可以如数家珍般地列举出《永乐大典》、《天工开物》、《农政全书》、《本草纲目》、《徐霞客游记》等一系列巨著，反映出鲜明的时代特征。文化史，主要包含物质与精神两方面，在明代近300年间，这两方面都取得了重要的发展。其中也包括明代大藏经的6次刊刻，《洪武南藏》（又称《明初南藏》）、《永乐南藏》、《永乐北藏》、《嘉兴藏》等，成为佛教经典刊刻的一个高峰。大藏经是佛家典籍的总汇，也是中华文化的瑰宝，《永乐北藏》是现存完整大藏经最早也最为精美的一部，是明太宗朱棣敕命编纂，于永乐十九年（1421年）在京开始雕版，英宗正统五年（1440年）完成，后于明神宗万历十二年（1584年）加以补刻的。特别是，永乐至万历年间官刻的大藏经，史无前例地采用了丝绸作为封面，成为迄今一大批弥足珍贵的丝绸精品保存于世的特殊形式。对于丝绸研究者来说，实在是幸莫大焉。杨玲女士主持的北京艺术博物馆课题组，以对明清皇家寺庙珍藏明代大藏经封面丝绸的系统整理，完成《明代大藏经丝绸裱封研究》一书，即将出版，对于明代文化史，这部书具有填补空白的意义。

《大藏经》裱封俗称经皮。明代大藏经经皮保存了大量完整的明代丝织品，因其完整性和连续性，成为研究明代丝绸的重要史料。早在半个多世纪以前，开创我们所（现中国社会科学院历史所）文化史研究的前辈沈从文先生，已揭示了这批宝藏的珍贵价值。他在1953年发表的《明织金锦问题》一文中说："明代用于佛经封面的丝织物，值得我们特别注意。因为这是目下我们知道的，唯一研究明代和唐宋以来丝织物的重要材料"。众所周知，沈从文先生的前半生是文学家，后半生是历史学家、文物学家。

他完成出版了中国首部大部头的《中国古代服饰史》，对于丝织品有独到的研究。他当年以慧眼辨识了本不起眼的佛经“封面”上裱装的丝绸织品，1954 年为故宫李杏南先生编《明锦》一书作《题记》，特别提及：“目前所知，国内现存明代经面锦，至少还可以整理出近千种不同的图案，这份宝贵遗产，包含了十分丰富的内容，可以作为研究明代丝织物花纹的基础，也是进而研究宋元丝织物花纹的门径”。还殷殷指出：“必须全面深入地来理解，来分析比较，才可望得出更正确的结论”。《明锦》一书，汇集故宫所藏佛经封面丝织物出版图录 42 幅，使学界初识了明代丝织品的原貌。今天，杨玲女士主编《明代大藏经丝绸裱封研究》一书，以北京艺术博物馆收藏的 2 千多件大藏经经皮，即传世丝织品作为主要资料，经过全面整理和研究，就大藏经经皮的历史背景、丝织品的图案和组织形式等，撰写了系列专题论文，探究了明代丝绸发展的真实状态，无疑将研究推进了一大步。

大藏经封面的研究，把我们带进丝绸文化史，也把我们带进世界文明史。

中国丝绸是华夏五千年文明最著名的文化载体，也是世界文明史中最灿烂的文化结晶。丝绸的发源地是中国，悠久的历史，孕育了中国古老而独特的文化。早在黄帝时期，就有“蚕神献丝”、“天神化蚕”之说，到了殷商时期，中国已可以织造带有精美花纹的丝绸。那么发展到明代（1368–1644 年），我们享誉世界的丝绸究竟发展到什么样子或者说什么水平了？这是我们自己首先应该搞清楚的事情。仅仅根据文献资料的记载，总让人感到含糊不清；而丝绸不易保存，是古代艺术品中最难保存下来的，也正因为如此，这批经皮的分析与整理，对于丝绸文化的研究，具有特殊的重要学术价值。

所谓物质文明，是指人类物质生活的进步状况，是精神文明的物质基础。明代是一个手工业生产和工艺制作空前发展的时代，明代丝绸生产有中央和地方两大系统，根据《明会典》记载，属于中央的有四个织染局。“两京织染”分设在南京和北京。设在南京的称内织染局，生产丝绸专供皇室。传世实物佛经封面展示了明代丝绸的时代特征，在装饰中显示出多样的风采和浓厚的美感，反映出传统丝织手工生产工艺到此时已走向顶峰时期。

佛教在传统中国的弘扬，是不同文化相互融合的一个成功范例。明代《大藏经》的刊刻，配以珍贵的传统丝织品作为封面，同样是中外文化相互融合的一个成功范例。中国曾是世界上唯一能够生产丝绸的国家，我们的祖先不但发明了丝绸，而且从西汉开始，中国丝绸就大批通过陆海两条“丝绸之路”向外输出，对世界文明史作出了重大贡献。发展到明代，

中外文明交流曾经达到两次高潮，一次是明初郑和七下西洋，另一次是晚明中西直接接触交流。无独有偶，明代佛经的刊刻，正是发生在永乐至万历年间，与两度高潮在时间上重合。这也就提示我们，明代中国丝织精品的产生，与中外技术与艺术的

交融有着千丝万缕的联系。明代的丝织品和瓷器远销国外，不仅青花瓷独步世界，丝织品中的织锦等也具有享誉世界的代表性。从丝织品的图案来看，丝织品衣饰用金盛行于元代，已与宋代崇尚淡雅的风格迥异，明代全面加以承继并有所发展，进一步融合西域织金绮的用金技术多达33种，表现出前代无法比拟的丰富性。丝织品趋于精品化，质量之精美、品种之繁多，在明代达到了历史上空前的程度。

杨玲女士主编《明代大藏经丝绸裱封研究》展现给我们的，正是传世明代丝绸的华丽风采。

2011.10.8

壹·论文篇

明代丝织品的发现、收藏与研究

穆朝娜

在中国丝绸史上，明代是一个极其重要的发展阶段。由于政府的提倡和鼓励，以及商品市场经济的需求，明代丝绸在继承前代经验的基础上，生产技术、品种花样都得到了空前的发展。因而，对于明代丝绸的研究具有重要意义。研究明代丝绸的资料主要包括三类：文献记载、传世品和出土遗物。科学地发掘出土的丝织品，不仅可以补充历史文献记载的缺失，以形象的资料证实文字描述，而且还能够为传世丝织品提供断代依据。但由于埋藏于地下，一般残缺不全。在这种情况下，传世品不仅是出土遗物资料的重要补充，而且也以其保存相对完好而成为说明历史的重要证据。作为传世品中重要组成部分的经皮极具研究价值。

一、明代丝织品的考古发现

就笔者所见，明代丝织品出土资料共计 43 处。在这些发现中，以定陵出土的丝织物最为著名。此外，江苏、江西、贵州等地也有较多的发现，其他地区的发现比较少。

（一）北京地区出土的明代丝织品

北京地区出土的明代丝织品主要见于 3 处地点，即定陵[1]、南苑苇子坑[2]、长辛店 618 厂明墓[3]。此外，西城慈恩寺[4]和德胜门冰窖口公主坟清墓[5]中也有明代丝织品的出土。

定陵于 1956 年 5 月开始发掘，1958 年结束，历时两年零两个月。墓主人是死于万历四十八年的朱翊钧和先他而去的两个皇后。定陵出土了大量丝织品，保存较好的匹料 177 匹，衣物 467 件。部分匹料上保留有腰封，记载着织物的颜色、纹样、质料、用途和尺寸，有的还标有产地、工匠姓名、织造年月、监造人等内容。衣物包括龙袍、道袍、中单、裳、蔽膝、裤、女单衣、女夹衣、袄、裙等。这些丝织品的品种涉及锦、绫、罗、缎、纱、绸、绢、绒、改机、缂丝和刺绣 11 大类。织品上的图案多样，有人物纹、动物纹、花卉、几何纹样等。人物纹中的百子图最为生动，他们或对奕、或摔跤、或观鱼、或沐浴、或跳绳，动作各异，神情不同。动物图案除龙凤、麒麟外，还有现实生活中的鹿、兔、蜂、蝶、蝙蝠和草虫。花卉多是象征福寿吉祥的牡丹、莲花、芙蓉、灵芝、梅花、兰花等。有的织物上还有“寿”“福”等吉祥文字。

南苑苇子坑明墓于1961年发掘清理。墓葬的年代定于正德十年（1515年）。这座墓葬结构严密完整，室内的遗物保存较好，唯丝织品的色彩因水浸而全部脱落。墓内有两具木棺，为男女合葬。棺内遗物多为丝织的衣衾，共83件。丝织品种可分为绸、缎、锦、罗、织金、妆花、刺绣等。其中，妆花类织物较多，根据地组织的不同，又可分为妆花绸、妆女缎、妆花纱、妆花罗等。缎类织物也有一定数量，包括暗花缎、素缎等。织金织物仅2件，一件是云龙纹织金绸袍，另一件是缠枝莲织金罗夹上衣。绣品也是2件，即洒线绣云龙纱裙、钉绣云龙缎夹上衣。锦用来做被面，有天华锦夹被、方棋纹锦夹被。这些丝织衣衾的纹样复杂多样，有云龙纹、缠枝花卉、水纹、松竹梅、吉祥团凤、云纹团凤等。

北京长辛店618厂明代中期的墓葬发掘于1976年。出土的丝织品包括驼色暗花缎金鹿纹方补斜襟短棉袄、酱色方格纹暗花缎斜襟夹袄、驼色暗花缎织金团凤方补女上衣、杂宝花卉纹缎半臂、万字地西番莲纹暗花缎裙、浅驼色四合连云纹暗花缎裙等。

（二）江苏省出土的明代丝织品

在江苏省，发掘出土的明代丝织品遗存有15处：泰州的胡玉墓[6]、徐蕃夫妇墓[7]和刘湘夫妇墓[8]，苏州虎丘明墓[9]，无锡惠山明代夫妇合葬墓[10]，无锡硕放大墙门[11]，扬州扬庙[12]，扬州火金墓[13]，镇江钱一斋墓[14]，吴县东山许裕甫墓[15]，常州湖塘[16]，虎丘王锡爵夫妇合葬墓[17]，南京市太平门外板仓村徐达五世孙徐俌夫妇墓[18]，武进王洛家族墓M1和M2[19]，淮安县王镇夫妇合葬[20]。其中出土丝织品数量最多的为徐蕃夫妇墓，其次为王洛家族墓M1和M2、刘湘夫妇墓，徐俌夫妇墓、王锡爵夫妇、苏州虎丘明墓也有一定量的发现，其他墓葬出土丝织品较少。

徐藩夫妇墓位于泰州市东郊，1981年由泰州市博物馆发掘清理。根据有关资料，墓主徐藩曾任工部右侍郎，死于嘉靖九年（1530年），他的妻子死于嘉靖十一年（1532年），二人的合葬墓系明嘉靖十二年（1533年）建造。

徐藩夫妇墓保存完好，为一椁两棺。男女两棺内包尸花缎及随身所葬衣物80余件，色彩鲜艳，质地坚韧。除少量棉布外，多数为丝织品，品种包括花缎、素缎、素绸、花绫和罗等，以花缎为主。花缎用来制作包尸布以及补服、绵袄、长衫、裙、帽子等的面料，花缎的纹样比较丰富，包括四合云纹、落花流水、八宝蜜蜂、八宝蝴蝶、八宝牡丹等纹饰。花绫巾四条，纹样有花瓣纹、连续回纹、万字如意纹、奔马和“孟”字形图案。

武进王洛家族墓M1和M2位于横山桥镇芳茂山西麓，1997年武进市博物馆对此墓进行了发掘。一号墓内有两椁两棺，系王洛与其妻子的墓葬，王洛卒于明正德七年（1512年），其妻盛氏卒于嘉靖十九年（1540年）。二号墓内四椁四棺，系王洛仲子王祉和他的原配、继配和小妾的合葬墓，王祉卒于嘉靖十七年（1538年），其他三人生卒年代失考，推测原配夫人卒于嘉靖年间，继配和小妾卒于嘉靖至万历年间。

一号墓出土丝织品31件，全部见于王洛妻盛氏棺椁内。二号墓内出土丝织品35件，主要随葬在王祉继配华氏棺椁内，少量见于其妾杨氏墓内。随葬的丝绸制品的种类有衣服（绵袄、绵裤、夹袄、补服、衫、折裥裙等）、靴袜、寝具（寝单、枕头）和其他用品（香袋、额帕等）。这些制品的面料和衬里包括丰富的丝绸品种，有平纹组织的纱、绉纱、绢；斜纹组织的素绫、花绫（同向、异向）；缎纹组织的素缎、花缎；以及织金和勾编叠花贴绣等。以花缎和素绢为主，其次为素缎和素绫。织金工艺用于衣物的局部装饰，有片金线和捻金线两种，例如，一号墓内土黄色素绢夹袄，门襟为宽3.5厘米棕黄色捻金织花缎；浅棕色素绢衫，门襟为宽3厘米的棕黄色片金织杂折枝花缎。3片黄棕色勾编网纹叠花贴绣素缎的出土，尤为引人注目。其技法是“用勾编花瓣和枝叶单元叠缝为梅花和牡丹，花蕊为古钱状，花轮廓用多线构成，内有红色丝线勾满并留出镂空网点纹，网点中填满金粉”，衣服由此显得富贵华丽。

两墓出土的丝织品上的图案丰富多彩：补子上有代表文、武官职的孔雀、狮子；四合如意云纹；杂宝纹；缠枝或折枝花卉纹；八宝纹；以及动植物相结合的纹饰，如凤穿牡丹、骆驼踏花、飞马树、蝶恋花、凤舞山花、仙鹤莲花等。大部分图案与徐蕃夫妇墓出土丝织品上的纹样相似，充分反应了明代中期贵族衣饰上流行的纹饰图案。

（三）江西省出土的明代丝织品

在江西省，明代丝织品主要发现于7处地点：玉山县夏浚墓[21]，广丰郑云梅墓[22]，南城县株良公社明墓[23]，南城县益宣王朱翊鈏和李、孙二妃的合葬墓[24]，广昌县明布政使吴念虚夫妇墓[25]，德安县爱民乡明墓[26]，以及南昌宁靖王夫人吴氏墓[27]。这七处地点中，唯南昌宁靖王夫人吴氏墓尚未见正式的发掘报告。

玉山县夏浚墓是1962年由江西省博物馆清理的。墓主人夏浚死于嘉靖四十年（1561年）。墓内出土补服5件，服之胸前和背部各有锦绣补子一方，饰獬豸纹和云纹。其中，藏青色绢补服3件，黄绫补服1件，藏青色苎补服1件。

郑云梅墓于1963年发掘。墓主人郑云梅，死于万历乙卯年（1614年）。此墓出土丝绸服饰12件，有官袍、便服、褙子和道服。除少部分服饰变色和破损之外，大部分仍完整无缺，色泽清晰。官袍6件，1件为黄地折枝牡丹纹缎圆领大袖袍，前胸和后背各有锦绣补子一方，补子为金银线作斜方格锦地，以棕色绒线织绣成白鹏对飞、祥云、折枝牡丹和山等纹饰。1件为黄地大缠枝牡丹花绸袍，内衬黄地吉祥云绸料套衫。另4件补子已失，分别是黄地斜云雷纹绫袍、黄地大缠枝牡丹提花绫袍、内衬黄地素绸套衫的黄地折枝牡丹花缎袍和黄地吉祥纹云纹缎袍。便服5件，有咖啡色地斜万字菊花纹绸交领大袖服、黄地缠枝牡丹纹缎单衣、黄地云纹绸单衣、青缎直领对襟夹衣等。还有 1 件为素纱交领大袖道袍。鞋 2 双，分别为黑缎面和黄缎面。这些服饰是研究明代服装和江南丝绸、织绣的重要实物资料。

益宣王朱翊鈏和李、孙二妃的合葬墓是 1979 年发现的，江西省文物工作队在当年末和次年 3 月对这座墓进行了清理。该墓用青砖砌成左、中、右三椁室，中室为益宣王，左室为元妃李氏，右室为继妃孙氏。益宣王朱翊鈏死于万历三十一年（1603 年），李氏死于嘉靖三十五年（1556 年），孙氏死于万历十年（1582 年）。墓内所出土的冠服饰物俱为益王和王妃生前所穿戴的朝服、礼服和常服。朱翊鈏棺内出土丝织品 17 件，主要为各种式样的花缎袍服，其次为织锦花被，袍服和被面上的图案有正楷字万寿无疆升天龙纹、篆字福寿团龙纹、万字夔龙纹、祥云团龙纹等。李氏棺内随葬锦、缎等丝织品 8 件（套），值得关注的是黄锦织绣牡丹花折枝纹裙，在蔽膝处彩绣云凤图案和几何形花边；其次是一件黄色织锦单衣衫，前后及通肩上部织绣云凤纹，底纹图案为香草缠枝纹。孙氏棺内随葬丝织品 15 件（套），其中黄色大衫 4 件，2 件的前后和两肩部有圆形补子，饰彩绣团凤纹；另 1 件绣梅花、蜜蜂、双凤纹；还有 1 件用金线绣团凤纹，间隙则织绣牡丹花枝。纱质霞帔质地轻薄，双层加绣还有透明感，上面线绣云凤纹。黄色织锦裙上绣大朵牡丹缠枝纹。

德安县爱民乡明墓于 1991 年被盗，德安县博物馆随即对其进行了清理。此墓虽为夫妻合葬墓，但由于种种原因，简报仅对熊氏墓及其随葬品进行了说明。熊氏卒于嘉靖十六年（1537 年）。随葬丝织品 22 件，包括酱色绸百褶连衣裙、古铜色缎补服（“炼鹊”纹补子）、褐色提花罗的腿套和被子以及其他衣物。此墓的丝织品中出现了特别的提花技术，如在褐色暗花罗上，加提一排白色的牡丹花。白色的纬线，非常规范（约0.5毫米），像纸一样扁平。

（四）贵州省出土的明代丝织品

贵州省发掘出土的明代丝织品主要见于 3 处：惠水县城关明末刘姓夫妇合葬墓[28]、思南县张守宗夫妇合葬墓[29]和玉屏城关塔坡曾凤彩墓[30]。

1983 年 3 月，贵州省博物馆在惠水县城关清理了明末刘姓夫妇同冢异穴墓。墓中出土的丝织品主要有：绸面布里长统靴 1 双、绸面护膝 1 对、青绸补服 1 件、绿绸长袍 1 件、浅褐色万字如意纹绫夹袄 1 件、谷黄绸面短袄 1 件、檀色提花流云纹绫裙 1 件、青缎面儒巾 1 顶、缃色绸腰带 1 条、青缎面方袋 1 只。其中补服的补子上为绿地缂丝白云鸂鶒图案，每个补子上有五只鸂鶒飞翔于云间，构图严谨，形象生动。

1978 年 2 月，贵州省玉屏城关塔坡发现明代七品官员曾凤彩墓，墓主人死于天启六年（1626 年）。墓中出土七、八件简单葬服，有的还有补钉，系生前使用过的。特别值得一提的是一件茶色如意云纹暗花缎补服，胸前补子为深褐色素底丝纱，金银线绣一对鸂鶒鸟，四周绣以流云纹，线条流畅。补服佩一条浅绛色缠枝牡丹纹缎带。经有关部门鉴定，补服的衣料产自南京或四川等地的官营作坊。

1980年3月，贵州省博物馆清理了思南县河东公社万胜山顶的张守宗夫妇墓。张守宗死于万历三十一年（1603年），其妻的死亡年代不明。墓葬出土纺织品61件，其中单衣、夹衣、袄、裙子、袖套、鞋等37件，被子13件，其他织物11件。丝绸品种涉及缎、绢、绫、纱、绸、罗等，以缎的数量居多。这批纺织品的图案十分丰富，有动物、植物、几何纹等题材，除明代丝织品上常见的万字纹、四合如意云纹、折枝花卉、缠枝牡丹外，还有充满生活气息的荷花水鸟、莲塘鹭鸶等。这批丝织品中最为珍贵的是驼色荷花白鹭缂丝袖套，缂丝用不同深浅的土黄、土红等色丝线以"通经断纬"法织成。麒麟芝草莲塘鹭鸶纹茶色罗裙也十分珍贵，其色泽鲜明，图案生动。张守宗墓出土的丝织品，有许多具有鲜明的民间工艺特色，是研究明代纺织技术和审美情趣的重要实物资料。

（五）明代丝织品在其他地区的发现

除上述地区外，明代丝织品在上海、浙江、湖北、山东、四川、甘肃、广东、福建等地也有少量出土，但数量较少，有一些墓葬的丝织品遗存保存比较差。主要墓葬有：上海市松江县诸纯臣夫妇墓[31]、顾守清与张永馨道士墓[32]、卢湾区潘允微墓[33]，浙江缙云飞凤山卢氏墓[34]，湖北省张懋夫妇合葬墓[35]，山东邹县朱檀墓[36]，四川绵竹县明代中后期墓葬[37]、新都县明墓[38]、成都市郊明墓[39]，甘肃兰州附近的方家庄刘漳夫妇墓[40]，广东省广州市戴缙夫妇墓[41]，福建省晋江深沪明墓[42]和福州市马森墓[43]。出土丝织品相对较多，且发表资料较为详细的有三处，即朱檀墓、戴缙夫妇墓和张懋夫妇墓。

朱檀墓位于山东邹县境内，于1970年春到1971年初发掘。朱檀是明太祖的第十子，封鲁王，死于洪武二十二年。朱檀墓随葬的衣物部分已破散、腐朽。主要丝织品有：米黄色织金缎龙袍、米黄色盘领窄袖织金龙袍多件、交领右衽中单纱袍多件、交领暗花云纹袍、交领波绉纹袍、交领短袖素面袍、短袖纱袍、纱褂、纱裤、绣花棉被、缠枝纹、条格纹、福寿字丝带等，简报中对有些衣物的质地未做说明。

戴缙夫妇墓位于广州东山梅村的南面，于1956年至1957年清理。据墓志讲戴缙妻下葬于弘治十八年（1505年），正德八年（1513年）戴缙才与之合葬。该墓出土的丝织在开棺时看上去还完整，颜色也很鲜艳。开棺通风后，即逐渐变色，一触即破。在出土之后的各个品种的织物中，缎类保存较好，绸绢类多已破碎。戴缙棺内出土丝织品约20件，有被子、衣服、帽子、巾、垫等类，周氏棺内丝织品不超过10件。主要遗物有：织花缎夹被、织花缎袍、织花绸袍、织花缎衫、绸裙、金线绣麒麟纹补服、缎制软帽、缎帽兜、金线绣花裙、绸制长囊等。

张懋夫妇墓位于湖北省广济县，于1983年3月清理发掘。张懋死于明正德十四年（1519年），其妻死于正德十一年（1516年），夫妇合葬于正德十五年（1520年）。

张懋棺内随葬丝织品 20 多件，包括黄色和浅黄色云纹缎（报告中称为锦，疑有误）长袍各 1 件，黄色云纹万字格和浅黄色梅花纹缎（报告中称为锦）长袍各 1 件，素缎长袍 2 件，黄色素缎罩袍 1 件，黄色绸罩袍 1 件，浅黄色绫棉袍 1 件（里子为枝蔓芙蓉花黄绸）素缎百褶裙 2 件，万字几何云纹缎（报告中称为锦缎、织锦）百褶裙 1 件，花草云纹缎（报告中称为锦缎、织锦）百褶裙 1 件，黄褐色几何花卉纹缎（报告中称为锦缎）腰裙 1 件，浅黄色平纹绢禅衣和夹裤各 1 件，黄褐绸披风帽 1 件，黄色素缎睡帽 1 件，素缎云头鞋 1 双，花草纹绢被 1 床，绢面褥子 1 床，黄褐色平纹绢枕头 1 个。张懋之妻的棺内随葬了一块刺绣织物，绢地上用金黄色丝线绣出展翅而飞的凤鸟，线条流畅，形态生动。

明代出土的丝织品主要是 20 世纪 60 年代至 90 年代发现的。出土这些丝织的墓葬年代多为明代中期和晚期，个别为明代早期。所出丝织品的品种多样，图案纹样繁多。在资料的发表上，大多数关注的是丝绸品种、衣物的形制和装饰纹样，对织物的组织结构未做分析。资料信息的不充分，无疑会影响到资料研究作用的发挥。

二、明代丝织品的收藏

除了考古发掘出土以外，明代丝绸还以传世品的形式收藏于博物馆或其他形式的机构中，在私人手中也可以见到。由于我们的主旨在于概述明代丝绸存世的情况，所以，这里谈及的收藏是指博物馆里保存的明代传世丝织品。传世品一般有两种情况：一种是从未入土的文物；二是虽为出土品，但出土地点已无从查考，文物已在世上流传很长时间。由于资料收集过程中的种种限制条件，本文所及的收藏情况难免有所遗漏。

故宫曾是明代的皇宫，庋藏数万件明代织绣文物，绝大部分是当时的珍品。其来源有各地官办织造专门为皇室生产的御用品，有边疆少数民族进贡的贡品，还有宫廷从各地采办的织绣品等。数量之巨、类别之全，海内外绝无仅有。故宫藏明代织物主要有缂丝、起绒织物、双层织物和锦、缎、绫、罗、绸、纱等。其中许多织物除故宫外很少有收藏，可以说，故宫藏品是研究明代织物最丰富、完整、宝贵的实物资料[44]。故宫博物院编辑出版的《明清织绣》[45]收录明代织绣精品 100 余件，有袍料、匹料、经皮、裱片和刺绣册页等，所涉及的丝绸种类也比较全面，例如：缂丝地龙纹寿字裱片、木红地凤凰纹双层织物、蓝地福寿双鱼纹双层织物经皮、绿地云蟒纹妆花缎、绛色地龙凤穿花纹暗花罗、绿地织黄牡丹寿字纹二色绸经皮、红地莲花牡丹纹妆花纱、白绫地绣彩罗汉朝瑞图册页等。

北京艺术博物馆收藏有传世的明代织绣文物 2000 余件[46]，包括大藏经裱封、衣料、各类观赏品以及宫廷和民间的生活用品等，其中有不少是国家级珍品[47]。《明清织绣》[48]一书，对该馆明代织绣的收藏情况有一定的反映。

首都博物馆藏的明代丝绸中，既有传世品，又有出土遗物[49]。其品种多样，有罗、纱、锦、绢、绫、缎、缂丝等，涉及袍、褂、衣、裤、裙、袜、被等实用品和绣画之类的观赏品等。藏品中最为称道的是上文提到的南苑苇子坑夏儒墓出土的各类丝绸服装[50]。

南京博物院所藏的明代丝绸，可以从上海古籍出版社出版的《织绣》[51]一书中有些许了解。此书中收录了明代丝绸刺绣作品16件，其中多为顾绣，件件堪称精品。包括缂丝西游记人物故事手卷、缂丝人物风景手卷、米色缎地顾绣竹林七贤图轴、缎地顾绣柳荫洗马图轴、白缎地顾绣达摩像轴、顾绣游赤壁图轴等。这些刺绣作品用料考究，绣工精良，可从多个角度进行研究。

上海博物馆也收藏有明代丝绸。在《上海博物馆藏品精华》[52]一书中，收录1件明代韩希孟刺绣作品，名为顾绣花卉鱼虫图册。图册四开，绫地上彩绣花卉鱼虫。韩氏运用套针、缠针、滚针等针法，以写实手法表现了画绣的神韵。

中国丝绸博物馆所藏的明代丝绸，在《织绣珍品》[53]中可见一斑。此书收录该馆明代丝绸4件，其中两件为出土遗物。另外两件未标明出土地点，似为传世品：其一为四季寿庆暗花缎，此缎采用明代流行的正反五枚缎作基本组织，在一个循环中织出牡丹、荷花、菊花及梅花等代表四季的花朵，绶带鸟在花丛中飞舞；其二为蓝地妆花蟒袍料。

辽宁省博物馆所藏的明代丝绸，在《宋明织绣》[54]中有所反映。这本图录收录了明代韩希孟刺绣六幅，图案题材包括牡丹、蔷薇蜜蜂、萱花蝴蝶、白菜、芙蓉翠鸟和梅花水仙等。此书的主旨在于以图片的形式展示顾绣的精湛技艺，文字说明很少。

北京服装学院收藏有明代经皮100余件。西藏自治区博物馆、罗布林卡、大昭寺、布达拉宫等收藏较多明代织物。

在中国，除了上述博物馆对明代丝织品的收藏外，香港也可见到明代丝绸的收藏。《织绣珍品》[55]一书中就收录了三件，分别是：缎地妆花不空如来像，藏于香港艺术馆；织金缎地纳纱绣千佛袈裟，为香港贺祈思藏品；绢地五彩八宝夹缬，为晚明至清早期的产品，也是香港贺祈思藏品。此外，明代丝绸在海外也有所收藏。《织绣珍品》[56]一书共收录了四件海外的明代丝绸藏品，包括现藏于伦敦斯宾克公司的一件八达晕织金锦，年代为元至明代初期；现藏于纽约大都会博物馆的刺绣捧螺仕女[57]；以及两件伦敦私人手中的藏品，即童子骑羊妆花缎和艾虎五毒回回锦。

三、明代丝织品的研究状况

从研究内容和性质来看，明代丝织品的研究大致包括下列几方面：

关于明代丝织品的综合论述。有关研究一方面见于丝绸通史类的著作中，比如朱新予主编的《中国丝绸史》[58]中对明代丝绸的生产区域、品种等进行了概述，赵丰在《丝绸艺术史》[59]一书论及了明代丝绸的品种和艺术风格，《织绣珍品》[60]一书则包括明代丝织品的大量形象资料，而《中国丝绸通史》[61]一书则对明代丝绸的生产技术、品种和艺术风格进行了较为全面的论述。另一方面则见于专题性的研究，比如，区秋明、黄赞雄曾撰文就明代丝绸的生产技术、丝绸品种以及明代丝绸生产技术发展的原因进行了探讨[62]。

关于具体实物的分析或介绍。一方面是针对出土丝织品的个案研究。比如，郭亶伯在《明代户部尚书马森墓出土丝织的研究》[63]一文中，从工艺技术的角度对福建马森墓出土的23件丝织品进行了详尽的分析。王君平在《成都明墓出土蜀锦——“落花流水锦”浅析》[64]一文中，就成都近郊明墓的一件“落花流水”蜀锦的图案、组织结构和工艺特点进行了探究。随着定陵的发掘，出土的丝织品也成为人们关注的对象。孙佩兰曾对万历皇帝的一件缂丝龙袍和一件刺绣百子衣的形制、用料、纹样、配色和织造工艺进行了专门研究[65]。刘柏茂等对定陵出土的丝织品的品种及其工艺技术特征等方面进行了全面论述[66]。另一方面是针对传世品的研究。20世纪50年代，李杏南编了《明锦》[67]一书，资料来源全部是明代刊印的“大藏经”的封面，沈从文为之写了题记，认为这批资料是明代早期的代表。2005年出版的《明清织绣》收录了故宫所藏的明代织品和绣品100余件，每件藏品都采用文字加图片的形式加以介绍和描述，具有直观形象的效果[68]。

对于明代丝绸品种的专题研究。包铭新在《我国明清时期的起绒织物》[69]一文中，从三个方面对明清时期的起绒织物进行了研究，包括：起绒丝织物的系统分类、与前代品种的继承关系和明清时期生产的起绒织物的主要品种。陈娟娟在《明代提花纱、罗、缎织物研究》[70]一文中，针对明代的提花纱、罗和缎织物的组织结构进行了系统而细致的研究，她还在《明清宋锦》一文中，对宋锦的沿革、品种和特点以及纹样分别进行了剖析[71]。李政在《蜀锦不同历史时期纹饰风格的演变》[72]一文，对历代蜀锦的特征进行了归纳，其中包括明代蜀锦的风格。沈从文先生也曾讨论过明代织金锦问题[73]。关于明代的刺绣也曾有学者加以探讨[74]。

有关丝织品图案纹样的研究。回顾在《中国丝绸纹样史》[75]一书中有专门的章节就明代丝绸图案的题材、表现形式及其反映的艺术风格进行了概括和分析。缪良云所著的《中国历代丝绸纹样》[76]以图文的形式介绍了各个时期的丝绸花色，概述了各个时期丝绸纹样的艺术特征，当然也包括明代。其中收录的明代丝绸纹样有许多种，例如，云鹤纹、五谷丰登纹、落花流水纹、龙凤穿花、折枝梅花等。关于明代佛经丝绸封面的图案，也早有人注意到，并加以收集整理。比如，《中国锦缎图案》[77]一书所介绍的丝绸图案是根据明代佛经封面整理而成的。这些佛经是所谓的“正统藏”的一部分——明代永乐年间开始刊印，到正统十四年才全部完成的一部佛经。当时用来装裱这些佛经封面的多是皇室库存的丝织材料，所以这些丝织物主要是十五世纪前半期的东西，直接地表现了明代初期丝织品纹样的特点。

注释

1. 长陵发掘委员会工作队：《定陵试掘简报》，载《考古通讯》1958 年第 7 期；长陵发掘委员会工作队：《定陵试掘简报（续）》，载《考古》1959 年第 7 期；中国社会科学院考古研究所等：《定陵》，文物出版社，1990 年。
2. 北京市文物工作队：《北京南苑苇子坑明代墓葬清理简报》，载《文物》1964 年第 11 期。
3. 赵秀珍等：《明清服饰》待出版。
4、5. 梅宁华主编：《北京文物精粹大系·织绣卷》，北京出版社，1999 年。
6. 黄炳煜：《江苏泰州西郊明胡玉墓出土文物》，载《文物》1992 年第 8 期。
7. 泰州市博物馆：《江苏泰州市明代徐蕃夫妇墓清理简报》，载《文物》1986 年第 9 期。
8. 泰州市博物馆：《江苏泰州市明代刘湘夫妇合葬墓清理简报》，载《文物》1992 年第 8 期。
9. 苏州博物馆：《苏州虎丘明墓清理简报》，载《东南文化》1997 年第 1 期。
10. 金琦：《无锡惠山发现明代夫妇合葬墓》，载《考古通讯》1956 年第 3 期。
11. 转引自：赵丰主编《中国丝绸史》，苏州大学出版社，2005 年，第 800 页。
12. 同上。
13. 转引自：赵丰主编《中国丝绸史》，苏州大学出版社，2005 年，第 801 页。
14. 同上。
15. 同上。
16. 转引自：赵丰主编《中国丝绸史》，苏州大学出版社，2005 年，第 802 页。
17. 苏州市博物馆：《苏州王锡爵墓清理纪略》，载《文物》1975 年第 3 期。
18. 南京市文物保管委员会、南京市博物馆：《明徐达五世孙徐俌》，载《文物》1982 年第 2 期。
19. 武进市博物馆：《武进明代王洛家族墓》，载《东南文化》1999 年第 2 期。
20. 江苏省淮安县博物馆：《淮安县明代王镇夫妇合葬墓清理简报》，载《文物》1987 年第 3 期。
21. 江西省博物馆：《江西玉山、临川和永修县明墓》，载《考古》1973 年第 5 期。
22. 秦光杰等：《江西广丰发掘明郑云梅墓》，载《考古》1965 年第 6 期。
23. 薛尧：《江西南城明墓出土文物》，载《考古》1965 年第 6 期。
24. 江西省文物工作队：《江西南城明益宣王朱翊鈏夫妇合葬墓》，载《文物》1982 年第 8 期。
25. 江西广昌县博物馆：《明代布政使吴念虚夫妇合葬墓清理简报》，载《文物》1993 年第 2 期。
26. 德安县博物馆：《江西德安明代熊氏墓清理简报》，载《文物》1994 年第 10 期。
27. 樊昌生等：《宁靖王妃盛装出土》，载《文物天地》2002 年第 3 期。
28. 唐文元：《惠水县城关出土明代纺织品介绍》，载《贵州省博物馆馆刊》1985 年创刊号。
29. 贵州省博物馆刘恩元：《贵州思南明代张守宗夫妇墓清理简报》，载《文物》1982 年第 8 期。
30. 陈定荣、张定福：《明代曾凤彩缎补官服》，载《贵州社会科学》1980 年第 2 期。
31、32. 上海市文物保管委员会：《上海市郊明墓清理简报》，载《考古》1993 年第 11 期。
33. 上海市文物保管委员会：《上海市卢湾区明潘氏墓发掘简报》，载《考古》1961 年第 8 期。
34. 转引自：赵丰主编《中国丝绸史》，苏州大学出版社，2005 年，第 802 页。
35. 湖北省文物考古研究所编著、王善才主编：《张懋夫妇合葬墓》，科学出版社，2007 年。

36. 山东省博物馆：《发掘明朱檀墓纪实》，载《文物》1972年第5期。
37.《殉葬四百六十年的丝织品洗涤后完好如初》，载《新民晚报》1985年1月23日1版。
38. 四川省文物管理委员会：《四川新都县发现明代软尸墓》，载《考古通讯》1957年第2期。
39. 王君平：《成都明墓出土蜀锦——“落花流水锦”浅析》，载《丝绸史研究》1985年第2卷第4期。
40. 甘肃省文管会：《兰州市明代砖室墓》，载《文物》1959年第3期。
41. 黄文宽：《戴缙夫妇墓清理报告》，载《考古学报》1957年第3期。
42.《福建省晋江深沪明墓出土的衫、袜、鞋》，载《海交文史研究》1992年第1期。
43. 郭亶伯：《明代户部尚书马森墓出土丝织品的研究》，载《丝绸》1985年第10－12期。
44. 宗凤英主编：《明清织绣》，上海科学技术出版社，商务印书馆（香港），1995年。
45. 同上。
46. 承蒙北京艺术博物馆王珍提供相关资料。
47. 杨玲：《明清织绣》，台北艺术图书公司，1995年6月。
48. 同上。
49. 首都博物馆编：《首都博物馆——二十周年纪念馆藏精品撷英》，北京出版社，2001年。
50. 同2。
51. 徐湖平主编：《织绣》，上海古籍出版社，1999年。
52. 上海博物馆编：《上海博物馆藏品精华》，上海书画出版社，2004年。
53. 赵丰主编：《织绣珍品》，艺纱堂·服饰出版，1999。
54. 辽宁省博物馆：《宋明织绣》，文物出版社，1983年。
55、56. 同53。
57. 同53。
58. 朱新予主编：《中国丝绸史》，纺织工业出版社，1992年。
59. 赵丰：《丝绸艺术史》，浙江美术学院出版社，1992年。
60. 赵丰：《织绣珍品》，艺纱堂／服饰（香港），2002年。
61. 赵丰主编：《中国丝绸通史》，苏州大学出版社，2005年。
62. 区秋明、黄赞雄：《明代丝绸技术发展初探》，载《中国纺织科技史资料》1984年第18集。《明代丝绸生产技术发展初探》，载《浙江丝绸工学院学报》1984年第1卷第2期。
63. 郭檀伯：《明代户部尚书马森墓出土丝织的研究》，载《丝绸》1985年10～12期。
64. 同39。
65. 孙佩兰：《明万历皇帝的龙袍——缂丝衮服》，载《中国工艺美术》1985年3期。
《明定陵出土刺绣百子衣的鉴定报告》，见《定陵》，文物出版社，1990年。
66. 刘柏茂、罗瑞林：《明定陵出土的纺织品》，见《定陵》，文物出版社，1990年。
67. 李杏南：《明锦》，人民美术出版社，1955年。
68. 宗凤英主编：《明清织绣》，世纪出版集团科学技术出版社，商务印书馆（香港），2005年。
69. 包铭新：《我国明清时期的起绒织物》，载《丝绸史研究》1984年。
70. 陈娟娟：《明代提花纱、罗、缎织物研究》，载《故宫博物院院刊》1986年4期，1987年2期。
71. 陈娟娟：《明清宋锦》，载《故宫博物院院刊》1984年4期。
72. 李政：《蜀锦不同历史时期纹饰风格的演变》，载《丝绸史研究》1995年第12卷第12期。
73. 沈从文：《明织金锦问题》，载《光明日报》1953年7月26日3版。

74. 洪亮：《明女诗人倪仁吉的刺绣和发绣》，载《文物参考资料》1958年9期。
魏松卿：《明代韩希孟的刺绣》，载《光明日报》1961年1月28日。
75. 回顾：《中国丝绸纹样史》，黑龙江美术出版社，1990年。
76. 缪良云：《中国历代丝绸纹样》，纺织工业出版社，1988年。
77. 中央美术学院实用美术系辑：《中国锦缎图案》，人民美术出版社，1953年。

明代大藏经丝绸裱封的历史背景

田 晓

一、佛教及其经典

佛教相传于公元前6世纪至公元前5世纪时由古印度迦毗罗卫国（今尼泊尔南部提罗拉科特附近）的王子乔达摩·悉达多（即释迦牟尼）创立，以开迷觉悟，脱俗离欲，厌现世，超冥界为宗旨。约于两汉之际传入中国，其说有二：一为西汉哀帝元寿元年（公元前2年）时传入，一为东汉明帝永平十年（67年）时由蔡愔等人从印度取回佛经，并邀请印度僧人迦叶摩腾、竺法兰同来中国传教。由此逐步形成佛教在亚洲大陆及世界各地广泛传播和发展，并与当地文化相融合的进程，而这一进程至今仍在延续。传入中国大部分地区和朝鲜、日本、越南等国的以大乘佛教为主，称为北传佛教，其经典主要属汉文系统。传入西藏、内外蒙古和西伯利亚等地区的为北传佛教中的藏传佛教，其经典属于藏文系统。传入斯里兰卡、缅甸、泰国、柬埔寨、老挝以及中国傣族等地区的则以小乘佛教为主，称为南传佛教。大藏经则是汇集佛教一切经典及其有关文化，并成为一部全书的总称。

大藏经的内容非常丰富，里面保存了现在印度久已失传的许多佛教经典，也包括了中国学者对于佛教原理所作的创造性的阐释。所以，大藏经不仅是佛教徒研究佛学的重要典籍，也是学者们研究古代东方文化非常重要的资料。

大藏经在我国南北朝之时被称为“一切经”，隋代以后才有此称呼。其主要由经、律、论三部分组成，经是释迦牟尼为指导弟子修行所说的理论；律是释迦牟尼为他的信徒制定的所应遵守的规则；论是释迦牟尼的弟子为阐明经的理论的著述。大藏经的编纂始于释迦牟尼涅槃后不久，弟子们为保存他的说教，统一信徒的见解和认识，通过会议的方式进行结集，形成一致公认的经、律、论内容。

二、大藏经及其刊印

我国现存的汉译大藏经，是自东汉（公元1世纪）以来从印度和西域各国传入的写在贝叶（贝多罗树叶）上的各种佛经原典翻译过来的，自汉代至隋唐主要靠写本流传，其装潢方式为梵夹装。直到唐代咸通九年（868 年）王玠所刻的《金刚经》成为世界上最古的，并附有版画的印刷佛经。按文字的不同可以分为汉文、藏文、蒙文、西夏文、满文、日文和巴利语系等七个系统。

佛教传入我国后，最初主要在统治阶级上层中流传，随着当时社会、政治等各个方面发展的需要，以及佛教经典大量地被翻译成汉文，佛教逐步走向民间。到三国两晋南北朝时期，佛教在中原以及大江南北地区得到迅速的发展，信教的人数，建造寺庙的数量，剃度的僧尼以及翻译的佛经都有了一个飞跃的发展，达到前所未有过的高度。

与此同时，在远离统治中心的北京地区，直到西晋才有佛教传播的记载。在《法苑珠林》和《高僧传》中都有西晋永嘉年间的僧人康法朗在中山（今河北唐县、定县）一带传播佛教，门徒达数百人的记载。但是，最为显著的标志就是此时在京西门头沟东南方建造了嘉福寺（潭柘寺），佛教从此进入北京地区，并在一定程度上影响到民众的宗教信仰，出现了出家、听法、施舍建寺等等现象，此时北京地区的佛教尚处于初传阶段。

隋代的统治者提倡和保护佛教，官府出面抄写佛经，广置京师、大邑之处的寺庙之内。修造寺庙和舍利塔，建立以长安为中心的传教系统，汉译佛教及著述不断增加，在隋法经《众经目录》中的记载已达两千两百五十七部五千三百一十卷。特别是幽州智泉寺的静琬法师继承其师慧思大师的遗愿，并汲取历史上北魏太武帝和北周武帝两次灭法的教训，立志在房山石经山创建云居寺，镌刻佛经于石板之上，以备佛经的永存。从隋大业中到唐贞观十三年（639 年）静琬法师入寂为止，刻石经 146 块，分别藏于藏经洞中。虽然静琬法师刻造十二部石经的愿望没能实现，但是他的弟子，以及历经辽、金、元、明、清等各朝代的众多僧人和佛教徒都延续了补刻石经的事业，共刻大小石经板一万五千余块，刻佛经一千余部，三千四百余卷，使之成为研究我国历代政治、经济、佛教、历史等相关内容的宝贵文化遗产之一。

唐代除武宗之外，佛教受到历任统治者的提倡和支持，皇室成员带头崇佛建寺，多次举办和崇奉佛舍利的法事活动（最著名的即为西安法门寺地宫里供奉的佛舍利），并为西去印度归来的玄奘法师组织大规模的译经场。从贞观十九年（645 年）始，二十年间翻译大小乘经论共七十五部，一千三百三十五卷。唐代智升的《开元释教录》里记载当时已流传的佛经为一千零七十六部五千零四十八卷，使得汉文大藏经的规模基本定型，其装裱方式为卷轴装帧的书写本。

两宋时期则多次雕刻刊印大藏经，使之成为卷帙最为浩繁，部义皆完备的汉文大藏经。宋太祖开宝四年（971 年）命内官张从信到益州雕造大藏经版，历经十二年，到宋太宗太平兴国八年（983 年）完成。雕版十三万块，运至开封印经院印刷，并颁送各大寺及邻国，共收大小乘佛典及“圣贤集传”一千零七十六部五千零四十八卷，装潢采用卷子式。此藏以后传入朝鲜、日本，对这些国家后来雕印佛经有着直接影响，此藏亦称《蜀版藏经》或《开宝藏》。

此外，还有福州东禅等觉院版：北宋元丰三年（1080 年）至崇宁二年（1103 年）完成，南宋淳熙三年（1176 年）前又增印，共收佛经一千四百五十部。

福州开元寺版：北宋政和二年（1112 年）到南宋绍兴二十四年（1154 年）雕印，共收佛典一千四百二十九部。

湖州思溪圆觉禅院版：北宋末到南宋初，王永从等人出资雕印，共收佛典一千四百五十三部。

湖州思溪资福寺版：南宋嘉熙至淳祐（1237 年到 1252 年）间雕印，共收佛典一千四百五十九部，称《思溪本》。

平江碛砂延圣禅院版：南宋绍定四年（1231 年）到元朝至治二年（1322 年），由法忠、清圭等人先后雕印，共收佛典一千五百三十二部六千三百六十二卷，称《碛砂藏》，装潢为梵夹本。

由此可以看出，到宋代之时已经形成一个雕印大藏经的高潮。

辽、金、元时期，北京成为诸王朝的统治中心，北京地区的佛教继续受到各个王朝统治者的直接崇奉和提倡，因而使得佛教事业日益繁盛。例如：辽代除了续刻云居寺石经之外，辽圣宗、兴宗和道宗在燕京刊刻《大藏经》与零散佛经，编印成《契丹藏》，共计三百六十二帙，八百一十二部，三千五百七十九卷。但是，至今大多已毁损无存，仅剩经论残卷数十种。

金代在皇统八年（1148 年）到大定十三年（1173 年）在解州（山西运城西南）天宁寺雕印佛经，共收六千九百余件，装潢采用卷子式。1933 年山西赵城广胜寺发现此版佛经四千九百五十七卷，世称《赵城藏》。

元代的统治者对佛教的崇奉和提倡更是历代所无的，他们除了能兼容尊重各民族原有的宗教信仰外，特别崇奉藏传佛教。在政策上确立帝师制度，对藏僧上层封公授爵，在各个地方甚至在宫中广建佛寺，频繁举行藏传佛教的法事活动，使北京成为当时重要的佛学中心。从元世祖至元十四年（1277 年）始翻刻佛经，到至元二十七年（1290 年）告竣，刻经五百五十八函，六千零一十七卷，是为《元藏》。其装潢为梵夹装。

明代实行两京制，分别在应天府和北平府建立南北两京。其历代的最高统治者对待佛教的态度不一，既有整顿限制，又有保护提倡甚至崇奉的政策。并且多次点校刊印大藏经，使之成为继宋代之后的又一次刊刻出版大藏经的高峰。

洪武五年（1372 年），也有洪武五年至三十一年之说，朱元璋命僧人在南京点校藏经，至建文三年（1401 年）冬基本完成，计五百九十一函，建文帝后又追加雕印续藏八十七函，共计六百七十八函，此即《洪武南藏》。

另外，朱棣于永乐十年至永乐十五年（1412 年至 1417 年）在南京以《洪武南藏》

为刻本，略加改动，并于永乐十七年（1419 年）秋连同御制佛曲一起颁行天下，共计一千六百二十五部六千三百三十一卷，此即《永乐南藏》。

永乐十八年至正统五年（1420 年至 1440 年）朱棣在北京编辑刻印佛经，计六百三十七函，六千三百六十一卷，此为《永乐北藏》。之后，到万历年间之时，因《永乐北藏》已刊刻百余年，不少撰述诸经未及入藏，神宗之母李太后命人刻之，称为《续入藏经》。于万历七年（1579 年）六月至万历十一年（1583 年）刻成，计四十一函。

明代除了皇家亲令主持刊印的大藏经之外，还有众多僧人和佛教徒参与刊印的佛经，其中最为著名的为明万历十七年至清康熙十六年（1589 年至 1677 年）僧人真可、德清、密藏、幻余等人主持，先后在五台山、径山（浙江余杭）雕版，最后将经版集于浙江嘉兴愣严寺印刷，计“正藏”二百一十函，“续藏”九十五函；康熙十六年（1677 年）又补刻“又续藏”四十七函，全藏共三百五十二函，收佛典二千一百四十一部一万两千六百卷，称《嘉兴藏》，亦称《愣严寺版》、《明版》、《万历藏》和《径山藏》等名称。

另外，还有万历以后在南京刻印的《报恩寺版》和详情不明的《武林版》。

清代也延续了崇奉佛教刻印大藏经的传统。雍正十三年（1735）至乾隆三年（1738 年）在北京由皇家主持，以明代《北藏》为底本，有所增减而刻印的敕版藏经，史称《龙藏》，又称《清藏》，使用梨木雕版 79036 块，重达四百八十吨，共计佛经七百一十八函，一千六百六十二部七千一百六十八卷。其装潢为梵夹装。

以上即为佛教传入中国之后，经历朝历代不断翻译和新修的汉文大藏经的流传过程。这可以使我们从一个侧面看到佛教在中国的传播与发展是逐步扩大的，也是中国传统思想与外来的佛教思想不断碰撞冲突，又不断相互融合相互补充完善的一个发展过程。从此，佛教哲学与中国本土的儒家信仰和道家教义逐步融合，共同成为中国文化的有机组成部分。

三、明代大藏经的颁赐

明代崇奉佛教的情况非常普及，以皇帝为首的统治阶层更是带头提倡扶持佛教，在全国各地兴建重修寺庙，大量供养剃度僧人，给赐土地，免除寺院的田赋和徭役等等，使崇佛拜佛的佛事活动成为人们生活的一部分。特别是在几次编纂刊造完大藏经之后，广为颁赐天下的寺院，成为弘扬佛教的重要活动之一。但是，由于相关的资料散落于各种公私典籍之中，查找困难，现将已查到的有关情况记录如下：

《永乐南藏》刊印完毕之后，经版留存于南京的大报恩寺内，按当时制定的相关佛教政策“四方僧众咸许摹传”，即可以不受任何限制地去摹印经典，传教四方。但是，到了明代末年，大藏经的经版则藏于礼部，“僧众非厚费三四百金不能得”。这说明大藏经从僧人管理的寺院转移到政府的管辖之后，僧众们如果再想要刊印佛经就非要掏出银钱才能达到目的，可以想见在某种程度上是必影响到大藏经的印行，这也从另一个侧面反映了明末之时腐朽状况已到了何种地步。

另外，据清初高士奇《金鳌退食笔记》称，明代的大藏经厂在玉熙宫遗址西边，即在今国家图书馆古籍馆附近，为其刊刻印刷大藏经之地。又据张居正代书的《敕建万寿寺碑文》称："初，禁垣艮隅有番、汉经厂，其来久矣。庄皇帝尝诏重修，以祝釐延贶，阙工未就。"至万历五年李太后谕神宗曰："朕一寺以藏经焚修，成先帝遗意。"于是神宗出帑储若干缗，潞王、公主及诸宫御、中贵亦佐若干缗，命司礼监太监冯保等卜地于西直门外七里许广源闸之西，特建梵刹，为尊藏汉经的香火院。工始于万历五年三月，竣工于明年六月。以内臣张进等主寺事，上赐之名曰万寿。所以，万寿寺里的藏经阁曾为尊藏汉经之地。

在《永乐南藏》刊印完毕之后，明代著名的航海家郑和曾多次摹印奉施寺庙供养。

大明永乐五年（1407 年），岁次丁亥，三月十一日，发心印造《大藏尊经》一藏，奉施喜舍灵谷禅寺流通供养。

大明永乐八年（1410 年），岁次庚寅，三月十一日，发心印造《大藏尊经》一藏，奉施喜舍云南五华寺流通供养。

大明永乐九年（1411 年），岁次辛卯，仲冬吉日，发心印造《大藏尊经》一藏，奉施喜舍天界禅寺毗卢宝阁流通供养。

大明永乐十三年（1415 年），岁次乙未，三月十一日，发心印造《大藏尊经》一藏，奉施喜舍福建南山三峰塔寺流通供养。

大明永乐十八年（1420 年），岁次庚子，五月吉日，发心印造《大藏尊经》一藏，奉施喜舍镇江金山禅寺流通供养。

大明永乐二十二年（1424 年），岁次甲辰，十月十一日，发心印造《大藏尊经》一藏，奉施喜舍静海禅寺流通供养。

大明宣德四年（1429 年），岁次己酉，三月十一日，发心印造《大藏尊经》一藏，奉施喜舍牛首山佛窟禅寺流通供养。

大明宣德五年（1430 年），岁次庚戌，三月十一日，发心印造《大藏尊经》一藏，奉施喜舍鸡鸣禅寺流通供养。

大明宣德五年（1430 年），岁次庚戌，三月十一日，发心印造《大藏尊经》一藏，奉施喜舍北京皇后寺流通供养。[1]

《永乐北藏》到正统五年（1440 年）刊刻完毕之后，刊版保存在北京内府，即属于司礼监管辖的"大藏经厂"内，其位置在皇城内西隅（即"玉河桥玉熙宫迤西，曰棂星门，曰西酒房，西花房"之旁）。从正统九年（1444 年）十月起颁赐《大藏经》于各地寺庙。

正统十二年（1447 年）二月，工部右侍郎王佑为其家庙山阴县柯桥禅寺乞藏经，英宗赐经一部。[2]

正统年间重建香山地区元代的昭孝寺，改赐名为寿安寺（俗称卧佛寺），颁赐《大藏经》一部。[3]

天顺六年（1462 年）十二月，英宗给智化寺重新赐经。[4]

天顺六年（1462 年），重刻凤阳大龙兴寺御制碑，并赐藏经。[5]

万历二十九年（1601 年）神宗给苏州慈泰寺赐藏经。[6]

万历十一年（1583 年），李太后建永慈寺之后，派人赍经一藏等物至寺供养。[7]

万历初年，神宗和李太后在南京赐金建护国圣化隆昌寺，并各派人赍经一藏及各种佛教用品。[8]

万历十八年（1590 年），奉李太后懿旨为慈寿寺赐大藏经等物。[9]

万历十四年（1586 年）和万历二十七年，神宗对普陀寺两次颁赐大藏经等物。[10]

万历二十七年，李太后派人赐福建宁德枝提山枝提寺（天冠菩萨讲经说法的道场）赍赐藏经六百七十八函（一藏）等许多佛教用品。[11]

万历十四年（1586 年）《续入藏经》刻成之后通行颁布，神宗敕颁十五藏散施天下名山。[12]

万历十七年，李太后捐内帑银两，于汉经厂刷印二十藏，散施各省名山寺院。[13]

万历四十二年李太后去世，神宗为祈福，择名山古刹分置藏经，海内共六处。[14]

正统十年（1445 年）二月十五日，大隆善寺赐经一藏。

宣德年间，西竺寺赐经一藏。

正统十四年（1449 年）三月，大觉寺赐经一藏。

正统十四年（1449 年）三月，广善寺赐经一藏。

正统年间，弘教寺赐经一藏。

正统年间，寿安寺赐经一藏。

景泰四年（1453 年）月十八日，西峰寺赐经一藏。

天顺三年（1459 年）廿七日，妙应寺（即白塔寺）赐经一藏。

成化年间，正法寺赐经一藏。

成化年间，普济寺赐经一藏。

正德年间，大慧寺赐经一藏。

嘉靖年间，极乐寺赐经一藏。

隆庆年间，永祥寺赐经一藏。

不计年，碧云寺有经一藏。

不计年，香山永安寺赐经一藏。

不计年，永寿寺赐经一藏。

不计年，功德寺赐经一藏。

万历十八年（1590年）八月，万佛寺赐经一藏。

万历十一年（1583年）四月，三圣庵赐经一藏。

万历二十年（1592年）四月，翠峰庵赐经一藏。

万历初年，万寿寺赐经一藏（内府看守）。[15]

万历十五年十一月，河南登封少林寺赐经一藏。[16]

万历十九年十月，北京慈慧寺赐经一藏。[17]

万历二十年，苏州吴县画禅寺赐经一藏。[18]

万历二十七年二月，浙江普陀山宝陀寺赐经一藏。[19]

万历二十七年二月，浙江普陀山法雨寺赐经一藏。[20]

万历二十七年三月，山西五台山文殊寺赐经一藏。[21]

万历二十七年闰四月，四川峨眉山白水寺经一藏。[22]

万历二十七年五月，山西五台山中台赐经一藏。[23]

万历二十七年，浙江普陀山海潮寺赐经一藏。[24]

万历二十八年四月，山西五台山东、南、西三台各赐经一藏。[25]

万历二十八年九月，浙江杭州净慈寺赐经一藏。[26]

万历二十九年，苏州慈泰寺赐经一藏。[27]

万历二十九年，云南宾川州放光寺赐经一藏。[28]

万历三十年，顺天府蓟洲盘山重峦禅院李太后赐龙藏。[29]

万历三十五年，北京延寿寺赐经一藏。[30]

万历三十九年九月，浙江普陀山镇海禅寺赐经一藏。[31]

万历四十年六月，四川峨眉山慈延寺赐经一藏。[32]

从以上所收集到的明代大藏经刊印颁赐情况来看，明代前期《永乐南藏》刊印完成之后对于它的发行基本上是不受限制的，只要有需求和有能力尽可去印行，说明当时明政府对佛教是大力扶持的，反映了佛教事业兴旺普及的程度，充分表现了佛教已经广泛地深入到普通民众之中，成为人们生活中不可或缺的一部分。

在明代的中期，宣德至隆庆的百余年之间，最高统治者主要崇奉藏传佛教，嘉靖朝的世宗崇道，汉传佛教相对受到冷落。而万历年间的神宗、李太后等最高统治者转而崇奉汉传佛教，特别是《永乐北藏》及万历朝的《续入藏经》刊刻完成之后，摹印颁赐大藏经的数量更是呈上升的状态，比以往历朝所颁赐的大藏经多出若干倍，数量较大。如果再从万历朝建造寺庙的数量，以及各种优待佛教的政策等方面来看，表明万历朝的崇佛状况已达到明代崇佛的一个新高度。

四、明代大藏经经皮的一个特例

以上即为我们所了解到的明代部分刊印颁发大藏经的相关情况，从中可以使我们对当时印发大藏经的数量有一定程度的感性认识。但是，在明代颁发大藏经的过程中，特别是《永乐北藏》的刊印过程中还有一个特别的现象需要我们必须加以注意，即在由正统到万历这一时期刊印的大藏经中有许多的经封和经套是用不同种类以及多种多样纹饰的丝绸织物制成的，形成了五彩缤纷的装饰效果，让人有耳目一新的感觉。这种装裱方式与早前或此后各朝代所印行的大藏经的装饰效果都不尽相同，成为大藏经刊印史上的一个特例，而明代其他时期刊印的大藏经大多仅仅使用蓝色布面或绢面去装饰经封和经套。例如，我们从明代晚期刊印大藏经的用料以及我们实际观察大藏经的装裱情况来看，大藏经“一藏计六百七十八函，十八万零八十二页。共用白连四纸四万五千零二十三张，蓝绢二百五十三匹七尺四寸，黄绢二十六匹二丈四尺一寸，以上每匹长三丈二尺，黄毛边纸五百七十张，蓝毛边纸四千九百一十二张，黄连四纸三百四十七张，白户油纸一万八千零九十五张，黑墨二百八十六斤八两，白面一千二百二十五斤，白芨四十五斤。”[33] 通过上边的统计我们可以确认，使用蓝色布面或绢面去装饰经封和经套是通常的做法，而使用不同种类以及多种多样纹饰的丝绸织物去装饰大藏经的经封和经套做法则是一个特例。以上仅为一藏大藏经的用料统计，如果将其估算折价，再加上使用的人工费用折价，其价值不菲。如果我们对照万历朝颁发大藏经的数量，甚至再对照有明一代刊印颁发大藏经的数量，对其进行估算折价，所花费用则是一个相当庞大的数字。

针对这种情况，我国著名的文物研究专家沈从文先生认为这些丝绸织物“大多为明代皇室库存之物，而且大部分是 15 世纪前半期的东西，直接地表现了明代初期丝织工艺的发展水平，有的就是出于宋元帐幕锦旧式，还有的表现出西域和波斯的风格。”[34] 同时，由于相关资料的数量比较庞大，时代特征比较明确，内容特别丰富，更值得我们去认真研究。

从丝织品的风格来看，许多纹饰和制作工艺延续了唐宋元代的丝织工艺水平，并为清代直至今天的丝织工艺提供了借鉴。从种类来讲，可以概括为锦、缎、绫、罗、绸、纱、绢等七种丝织物和夹织了麻、棉、毛等不同质地的织物。从技术上来讲，尤其需要我们对锦缎部分进行研究，明代锦缎的妆花技术和织金技术是各种极其丰富而美丽的图案纹饰的基础。至于各种花色的不同，色彩的华丽和质量的精美则源于织法的复杂，许多工艺技术和图案纹饰沿用了前代并结合当时人们的审美意识、审美需求而进一步地改进发展了新的技术。其中可以整理出来的不同品种和不同花色的变化可能接近千种。所以，从锦缎图案纹饰的处理上可以看出中国人民的生活情趣、丰富的想像力、传统的爱好习惯以及追求幸福生活的愿望。

但是，沈从文先生也指出，20 世纪 50 年代以前，除了帝国主义的巧取豪夺之外，出于各种各样的原因，许多有用的重要的资料未能引起人们的关注。1946 年之后，北京各寺庙五百年来的收藏，许多都上了天桥旧货摊，有的还被整车装运往燕京造纸厂去制作还魂纸。织金锦的经面被认为无用处，就大规模拿去烧金，凡有机会烧的大都在新中国成立前数年中被陆续烧掉。由此可见，当年的无知给我国的传统艺术造成了多么大的损失。所以，我们现在要做的工作就是把在各个博物馆、国家各个相关单位和私人等处所保留下来的相关资料进行归类汇总，这里面包括 1949 年以来的考古发掘、字画包首、册页封面装饰；各个寺庙中供奉的百衲袈裟、幡信、披肩、经垫和装裱佛像边缘的装饰等等方面，去认真研究，力图寻找出明代丝绸织物方面具有某种规律性的东西，以弥补研究方面的空白。

注释

1. 邓之诚：《骨董琐记全编》，北京出版社，1996 年。

2. 《明英宗实录》卷 150，上海书店出版社，1990 年。

3. 明宪宗“寿安寺如来宝塔铭碑”，见《日下旧闻考》“郊垌西十一”，北京出版社，1983 年。

4. 《明英宗实录》卷 347 天顺六年十二月壬戌，上海书店出版社，1990 年。

5. 《明英宗实录》卷 347 天顺六年十二月庚午，上海书店出版社，1990 年。

6. （清）李铭皖、马桂芬：《苏州府志》卷 41“寺观”。

7.（明）瞿汝稷：《敕赐岢岚州芦芽山永慈寺碑》。
8.（明）黄汝亨：《寓林集》卷13“敕建华山护国圣化隆昌寺碑”。
9.（清）莲池大师等人：《憨山老人梦游集》卷28“敕建龙冈寺大方迂禅师塔铭”。
10.（清）许琰：《普陀山志》卷4“颁赐“。
11.《明神宗实录》卷234 万历十九年闰三月丁卯，上海书店出版社，1990年。
12.（明）福征述：《憨山大师年谱疏》上卷。
13.（清）范承勋：《鸡足山志》卷8“慈圣宣文明肃贞寿端献皇太后谕大觉寺懿旨”。
14.（明）叶向高：《苍霞续草》卷5“重建黄檗寺募缘序”。
15.（明）沈榜：《宛署杂记》“藏典”。
16.《少林寺志》卷6“艺林”，广陵古籍出版社，1997年。
17.北京图书馆金石组：《中国历代石刻拓本汇编》(58册)，中州古籍出版社，1990年，第13页。
18.（清）李铭皖、马桂芬：《苏州府志》卷141“ 金石二”。
19.（清）许琰：《普陀山志》卷13“ 旧章”。
20.（清）许琰：《普陀山志》卷13“旧章”。
21.（明）释镇澄：《清凉山志》卷5“帝王崇建”。
22.峨眉山志编委会：《峨眉山志》卷6“王臣外护”，四川科学技术出版社，1997年。
23.（明）释镇澄：《清凉山志》卷5“帝王崇建”。
24.《普陀洛迦新志》卷5“梵刹”，印光大师修订，福建莆田广化寺，1992年。
25.（明）释镇澄：《清凉山志》卷5“帝王崇建”。
26.（明）释大壑：《南屏净慈寺志》卷6“檀护·帝王”，元亨利贞书屋，2000年。
27.（清）李铭皖、马桂芬：《苏州府志》卷41”寺观”。
28.（清）范承勋：《鸡足山志》卷8“谕放光寺敕”。
29.（清）蒋溥：《盘山志》卷6“寺宇”。
30.北京图书馆金石组：《中国历代石刻拓本汇编》(58册)，中州古籍出版社，1990年，第197页。
31.印光大师修订：《普陀洛迦新志》卷4“檀施”，福建莆田广化寺，1992年。
32.峨眉山志编委会：《峨眉山志》卷6“王臣外护”，四川科学技术出版社，1997年。
33.（明）蒋一葵、刘若愚：《酌中志》“内板经书纪略”，北京古籍出版社，1994年。
34.沈从文：《中国锦缎图案》“前言”，人民美术出版社，1953年。

明代大藏经丝绸裱封的图案

穆朝娜

在对古代丝织品的研究中，图案是一个不可或缺的研究内容。图案的研究一般涉及题材、组织形式、表现方法和色彩。就表现方法和色彩而言，馆藏大藏经裱封（俗称经皮，下文中提及时为叙述方便采用俗称）的图案不外学者们讨论的几种情况。所以，在这里我们仅讨论题材和纹样的组织形式。在谈及题材时，要涉及这样几个方面的问题：题材的类型、纹样的造型、不同纹样之间的组合和题材的寓意；而组织形式则是关注题材构成图案的方式（本文中涉及图片均参见“贰 · 图案篇”部分）。

一、题材

馆藏经皮所涉及的题材比较广泛，包括植物纹、动物纹、自然景观、杂宝与八吉祥、文字、人物、器物和几何纹，每类题材又涉及不同的内容。

（一）植物纹

植物纹大体可以划分为四类：花卉、果实、菌类和竹木类，以花卉类题材为大宗。

1. 花卉类

花卉纹是这批经皮的主要题材之一，既有自然界存在的花卉，也有人们虚构出来的花卉。前者主要包括牡丹、莲花、菊花、灵芝、梅花、芙蓉、海棠和山茶花，后者是指宝相花。这些花卉纹既单独作为主题纹样，也相互组合共同构成装饰题材。此外，花卉纹还作为其他纹样的辅纹出现。为叙述方便，避免重复，下文将按主纹花卉的组合分类叙述，花卉纹作为辅纹的图案将在其他纹样中介绍。

(1) 一种花卉作为主纹

①牡丹

牡丹是植物题材的一个重要内容。牡丹花娇艳华美，象征富贵。自唐宋以来，牡丹就成为一个常见的装饰题材。牡丹花纹与芙蓉花纹有时会产生混淆，就这批经皮子来看，二者的区别表现在：第一，牡丹花的叶子更为修长，芙蓉花的叶子则较为宽短；

第二，牡丹花朵更为饱满富丽，芙蓉花朵则相对单薄些。以牡丹为主题的图案主要有两种：单一牡丹纹和牡丹纹辅以勾连万字纹（或称曲水纹，详见下面的“几何纹”）。

单一牡丹纹：一般为缠枝花式。缠枝牡丹寓意延年富贵。其造型既有正面观的牡丹，又有侧面观的牡丹，以正面观的牡丹花为主。正面观的牡丹纹更为图案化，花心一般由若干圆圈或圆点表示，两重花瓣（图 2.1）。侧面观的牡丹较为写实，花朵十分饱满（图 2.3）。

牡丹纹辅以勾连万字纹（或称曲水纹）：寓意万代富贵。仅见 1 例。牡丹纹造型比较写实，花瓣繁复，富于动感，在勾连万字纹的衬托下十分生动（图 2.4）。

②梅花

梅花具有抗严寒的特点，在漫天飞雪、万花凋谢的时节傲然怒放，传递春天的气息。因而，至少从宋代开始，梅花就成为文人品格的象征，以后随着时间的推移，被赋予了更多吉祥含义。

在这批经皮中，梅花作为主题纹样时，造型以正面观为主，侧面观的梅花数量很少。梅花的构图既有无枝朵花，又有折枝花式。在朵花形式的梅花中，可以看到数量很少的侧面观梅花，而折枝梅都采用了正面放射状的造型。正面观的梅花主要有两种形态：其一，较为具象。有的以网格纹表示花心，花蕊分成五组，每组五根。有的以圆圈表示花心，花蕊分五组，每组三根（图 2.6）。不过，装饰这种风格的梅花纹的经皮数量很少，样本中仅有 4 件。其二，较为抽象，以圆点或圆圈表示花心，不表现花蕊（图 2.7）。

从纹样的组合来看，既有单一的梅花纹，也有与蜜蜂、杂宝、勾连万字纹或菱格卐字纹、流水纹等相搭配的图案（图 2.8）。一般来说，朵梅与蜜蜂、流水纹相组合，折枝梅常间以杂宝纹。但无论是朵梅还是折枝梅，都有一些与勾连万字纹相组合的图案。梅花与蜜蜂组合，寓意“春风得意”，与流水纹、卐字纹相组合，寓意“新春常在”。

③莲花

莲花，又称荷花，在我国的栽培历史悠久。《诗经·泽陂》中有诗句云“彼泽之陂，有蒲与荷”的诗句。随着佛教传入中国，莲花成为佛教艺术中纯洁清净的象征，代表“净土”。唐代以后，莲花纹除作为佛教装饰题材外，还承载着世俗的观念，比如南宋时期的莲花纹多与童子相配，表现中国传统的子嗣观念。明清时期，莲花纹与其他纹样组合，表达当时社会的人们祈盼吉祥的含义。莲花是这批经皮子的一个重要装饰题材，一种是缠枝莲，另一种是折枝莲。

缠枝莲多表现侧面观的莲花，里外数层莲瓣。根据有无对莲蓬的描绘，我们大体可以把缠枝莲分为两种形式：一，有莲蓬的莲花。莲蓬的顶面若椭圆形，以小圆圈表示莲子。二，没有莲蓬的莲花。除不具备莲蓬外，其他特点均与前一种相同。这两种形式的莲花纹往往结合在一起构成主题纹样（图 2.11）。不过，它们有时也分别作为独立的主题纹样出现（图 2.12）。缠枝莲纹还与杂宝、八吉祥组合成吉祥图案，或莲托八吉祥，或莲纹中间饰杂宝纹，以莲托八吉祥图案更为典型，具有“莲台上宝”的寓意（图 2.14）。

折枝莲的表现形式也可以分为两种：一、莲花呈正面放射状，由内部花心和外面的一层花瓣构成，花心若侧面观的莲蕾。莲花外面常环绕着三组莲叶，每组由一对侧面观的莲叶和莲蕾组成，折枝部分因要适合地纹留出的空白而弯曲，形成轮花或团花状。这是折枝莲的主要造型。这种造型的折枝莲常常与菱格卍字纹、斗纹相组合，构成以折枝莲为主纹、几何纹为辅纹的图案（2.15）。二、莲花呈侧面观，比较写实，莲纹秀巧（图 2.16）。

④芙蓉花

芙蓉花开于仲秋，迄于初冬，凌霜斗妍，灿烂绚丽，其本身就是顽强生命力的写照。同时，芙蓉的“芙”和福气“福”、“蓉”和荣华的“荣”谐音，故把芙蓉花寓意“荣华”应用在吉祥纹样里。

以芙蓉花作为主题纹样的经皮数量不多。芙蓉的构图采用缠枝式。花朵造型以半写实半图案化的风格为主，花朵硕大如碗，花瓣多重，但层次感不太明显；不表现花心和花瓣上的脉纹，花朵有一定的立体感（图 2.17）。还有一种图案化更强的芙蓉花，花型较小，花朵如团状，象征性地勾勒出内外层花瓣的轮廓，没有立体感（图 2.18）。

另外，有一件经皮子上装饰着较为写实的芙蓉花，花瓣上的脉纹清晰，花瓣分为内外几重，最内层花瓣略张，露出点状的花蕊，花朵若新鲜盛开，立体感较强（图 2.19）。

⑤宝相花

宝相花与其他花卉纹样有所不同，它不是真实存在的一种植物，而是虚拟出来的吉祥图案。佛家称庄严的佛相为宝相，以之为花名，足见此花的尊贵以及人们对它的喜爱和崇拜。

专家学者对“宝相花”的形状有着不同的理解。综合各家观点，宝相花应具有这样几个特征：第一，组合性。以某种花卉（如牡丹、莲花）为主体，中间镶嵌着形状不同、大小粗细有别的其他花叶。第二，变形性。花瓣变形，多做勾卷状。第三，多层次性。花瓣层次较多，外层多是盛开的花朵状，内部夹含苞欲放的花、花的蓓蕾等。第四，平面放射状构图。宝相花纹是表现花朵整体平面的花纹，按放射对称的规律对各构成要素重新组合。第五，虚构性。这是基于组合性和变形性基础上的结果。

事实上，曾经盛行于隋唐的宝相花纹，在总体造型原则不变的前提下，不同时期具有不同特征。在这批经皮子中，宝相花纹是以莲花为基础的变形，主要特征是花瓣作勾卷状变形。大体来说，我们可以把宝相花的造型分为两种：一种是外层花瓣勾卷，内层花瓣为莲瓣或牡丹花瓣，体现了组合性和变形性特征，为宝相花的主要造型（图

2.20、2.21）。另一种是花瓣间拼插灵芝纹，这种造型的宝相花数量较少，而且较前一种纹样更加图案化（图 2.22）。

宝相花纹作为主纹时，其组合形式有单一的宝相花纹和宝相花辅以“寿”字或钱币的图案，但二者的表现形式有所不同。前者，宝相花为缠枝式，枝条由花下伸出，绕花朵回旋，枝上的叶片或散于花枝两侧，或相互交搭，如前述的几例宝相花纹经皮；后者，宝相花为折枝式，枝条仅显露很少的部分，呈现 S 状扭曲，大部分枝条被花朵遮挡，花枝上的叶片披散于花朵四周，衬托得花朵更为厚重（图 2.23）。

⑥菊花纹

菊花是我国传统花卉之一。因古人把菊花的药用功能加以渲染，故其很早就被赋予了吉利、长寿的内涵，又因在百花凋零时依然盛开，所以早在战国时期，屈原就用菊花象征忠贞，以后更成为君子之德的象征。

纯粹以菊花纹为主题纹样的经皮子数量很少，在所研究的样本中，仅见 5 件。有的菊花纹样，其外层花瓣呈正面放射状，最内层花瓣若侧面观，遮挡了部分圆形花心，花心内以圆点表示花蕊，这种造型的菊花纹注意到花瓣形态的变化，比较生动（图 2.24）。有的图案，菊花纹的造型有两种，花瓣的形状均与前者不同，也没有对花心的描绘，一作侧面观，一作正面观，共同构成富于变化的图案（图 2.25）。

不过，在与其他花卉组合的纹样中，菊花是一个较为常见的主题纹样。所见样本中，造型都呈正面放射状，多数花心为一个大圆点，花瓣有二、三和四重之分（图 2.26）。

⑦六瓣和八瓣朵花

除了上述有明确品种的花卉外，还有些花卉无法归入任何品种，其中最为典型的就是六瓣花和八瓣花。六瓣花的样本比较多，造型特点是圆形花心，六个花瓣相叠，呈顺时针方向排列，有一种旋转感（图 2.27）。八瓣朵花是正面观五瓣梅花的发展，是在五瓣梅花基础上增加了三个花瓣。

（2）两种花卉组合作为主纹

在两种花卉纹样组合的主题纹样中，主要是莲花和牡丹相互组合，其次是这两种花卉分别与宝相花、菊花、梅花等花卉组合，菊花与梅花、牡丹与菊花组合的纹样很少见。

①莲花与其他花卉的组合

莲花与宝相花：这两种花卉的组合纹样很常见，全部采用缠枝花的构图方式。有的图案的莲花与宝相花饱满富丽，莲花的花心采用添加、夸张的表现手法（图 2.28）。有的图案中的宝相花内层为比较写实的莲瓣，外层花瓣卷曲变形，并拼插灵芝，莲花的莲蓬进行了特别突出的表现（图 2.29）。

莲花与菊：这种纹样的组合比较常见，既有缠枝花式，也有折枝花式。有的图案中的莲花长着很大的莲蓬，菊花有内外四重花瓣，显得丰满厚重（见图 2.26）。有的图案中的莲花基本呈侧面观，菊花呈正面放射状，有内外两重花瓣，莲花的花瓣较尖，菊花的花瓣较圆，两种花卉错落有序，有一定的节奏感。（图 2.30）。

莲花与梅花：仅见折枝式，未见缠枝式。7 件样本的纹样完全一致（图 2.31）。

②牡丹与其他花卉的组合

牡丹与莲花：牡丹与莲花组合成主题纹样很常见，以缠枝花为主，也有一定数量的折枝花。在缠枝牡丹与莲花的纹样中，莲花的造型多表现饱满的莲蓬。有的图案，莲花和牡丹布局紧密，花头圆润柔美，叶子上的脉纹清晰（图 2.32）。有的图案，莲花和牡丹花的排列比较稀疏，莲花纹作侧面观，未表现莲蓬，牡丹花的表现较为写意。还有的图案，在牡丹与莲花的组合中还辅以八吉祥（图 2.33、2.34）。

在折枝牡丹与莲花的纹样中，花卉多用侧面观的表现形式，比较图案化，一般是一行莲花，一行牡丹，两行纹样错落有致，相邻的莲花与牡丹朝向不同，花型小巧精致（图 2.35）。有时，在折枝牡丹与莲花的组合中，再辅以勾连万字纹作为地纹（图 2.36）。

牡丹与宝相花：以牡丹和宝相花作为主纹的经皮子很少，也有人称之为牡丹莲纹，但根据本文对宝相花的认识，称宝相花更为合适。有时，牡丹与宝相花组合纹样的主茎上加饰桃和石榴，表达更为丰富的吉祥意义。

牡丹与菊花：仅见 2 件经皮子装饰此纹样。在这样的图案中，菊花呈正面放射状，内外三重花瓣，花心呈点状，牡丹纹作侧面观，丰盈饱满。

③梅与菊

梅花与菊花的组合纹样很少，样本中仅见 2 件。梅花与菊花呈正面放射状，花卉排列比较密集。

（3）多种花卉组合成主纹

多种花卉组合的纹样，一般是由不同季节开放的花儿组合而成，除了前面提到的莲花、牡丹、菊花等，还有海棠花和山茶花。海棠属于落叶乔木，春天开花，花瓣的外面半红半白，里面粉红，或为单瓣，或为重瓣。山茶花为常绿乔木或灌木，叶子卵形，花的形态较牡丹简单些，比月季繁杂些，早在唐代就已有庭园栽培，宋以来成为重要的装饰题材。由于山茶花具有耐寒长青、报春的特点，故成为“春光”象征。

多种花卉组合的纹样主要有莲花、海棠花、山茶花和牡丹花的组合以及莲花、菊花、山茶花和牡丹的组合，后者表示四季花的主题。多种花卉组合的纹样主要采用缠枝式的构图方式，少数为串枝式和折枝花式。杂宝纹是其最为常见的辅纹，也有以八吉祥的符号作为辅纹的。

莲花、海棠花、山茶花和牡丹花：这种题材的图案均为缠枝花式。有一件经皮上的图案，海棠花为重瓣，呈正面放射状，粉色勾边，粉红色表示花瓣的颜色，五根花蕊伸展于五个花瓣之上；莲花基本呈侧面观，长出饱满的莲蓬，莲叶十分写实（图2.37）。还有一件经皮与上述经皮显然属于同一缎料的不同部分，相互结合起来可以反映图案的概况。图案中的牡丹花正在盛开，山茶花的花瓣同向卷曲，彼此相叠。图案给人以枝繁叶茂之感，主纹之外的空地上可见细小的杂宝符号，如方胜、钱纹等，有的钱纹直接装饰在花心部分（图2.38）。

莲花、菊花、山茶花和牡丹：这种题材的图案既有缠枝花式，也有串枝花式。在缠枝花的图案中，菊花呈正面放射状，两重花瓣；莲花尚待完全盛开；山茶花已经怒放；牡丹花的花蕊清晰可见（图2.39）。在串枝花的图案中，花朵串联于波波折折的主茎上，花朵造型较小，菊花的花瓣两重，排列紧致，其他花卉呈侧面观，纹样疏朗（图2.41）。

2. 果实类

与花卉类题材相比，装饰果实纹的经皮要少得多。果实类纹样描绘的对象主要有葫芦、桃、石榴等，此外，还可见到与桃子、石榴组合出现的佛手。

(1) 葫芦纹

葫芦，又称蒲芦、壶芦等。一年生攀援草本，叶互生，心脏形。果实中间细，像两个球连在一起，表面光滑，可做器皿，也供玩赏。在这批经皮中，葫芦纹的象征意义较花卉纹更为明显，或构成具有固定含义的吉祥纹样，如子孙万代（又称葫芦万代）；或与文字组合成吉祥图案，如平安大吉葫芦纹等；或与其他纹样谐音构成某种图案，如五湖四海。

子孙万代（葫芦万代）纹：葫芦籽粒众多，被取作绵延后代、子孙众多的象征。葫芦蔓葱茏茂盛，缠绕绵长，被取作长久的象征。子孙万代纹为缠枝式，纵向延伸的葫芦茎蔓作为骨骼，主纹葫芦交错环绕于两侧。主纹葫芦的轮廓较写实，上部小下部大，内填“卐”字、宝瓶等与佛教图案（图2.46）。

平安大吉葫芦纹：这种纹样是在斜向延伸的茎蔓上连缀葫芦花，花下伸出两条很短的茎蔓，最边侧的一条连接葫芦叶，另一条连接主纹葫芦，葫芦若阿拉伯数字“8”，轮廓较为图案化，上半部略小于下半部，上部填“平”字，下部填“安”字，斜向相连的葫芦内则填“大吉”二字，从而构成四字吉语“平安大吉”。此外，葫芦与“护禄”、“福禄”谐音，以葫芦作为“平安大吉”载体，或有借助葫芦喻意“福禄”之意（图2.47）。

五湖四海纹：这种纹样由两个单位纹组成，一是五个葫芦，谐音“五湖”；另一是四个海螺，谐音“四海”。五个葫芦以葫芦叶片为中心，葫芦之间点缀葫芦花，葫芦花两侧伸出具有绵延感的葫芦叶，将五个葫芦团聚成一个整体，使“五湖”纹既有规则平稳，又富有生气（图2.48）。

除了上述葫芦纹样外，还有两件经皮上葫芦纹也值得一提。一件是大红地万事大吉葫芦加金妆花缎经皮，图案是在红色葫芦纹暗花缎上加饰妆花葫芦纹，由大中小葫芦组成，葫芦内填文字、佛教符号或杂宝符号（图 2.49）。另一件是大红地吉祥事事如意葫芦纹两色缎经皮。一段段波状主茎上装饰着以葫芦花开始的葫芦纹和双柿子纹。葫芦图案化，内填戟、“祥”字和灵芝纹，用谐音与象征的方式表示吉祥如意，葫芦颈部束丝带，底部外廓饰莲瓣纹；柿子稚拙写实，饱满诱人，增强了图案的生动性（图 2.50）。

（2）桃子与石榴纹

在这批经皮中，象征长寿的桃纹采用折枝式的表现形式，未见以折枝桃作为独立装饰纹样的经皮。桃纹通常与石榴组合成纹样，表达多寿多子的吉祥寓意，有时还间以 字，来表达更为浓厚的吉祥意义。如茶绿地折枝果纹 字暗花绫经皮，图案由折枝桃和折枝石榴构成，折枝桃隔行重复连续出现，两行折枝桃之间夹饰折枝石榴，桃与石榴一俯一仰，整齐中透出变化，主体纹样之外的空地上装饰卍字纹（图 2.51）。再如月白地卐字桃石榴暗花绫经皮，桃枝上为一对桃，石榴露出籽粒，桃和石榴周围环绕卍字（图 2.52）。

此外，桃纹还与勾连万字纹、四合如意云纹和寿字纹组合，分别表达万寿无极、长寿如意和祝庆长寿的含义，但这样的经皮数量极少。例如大红地桃实纹织金缎经皮，折枝桃纹非常写实，桃枝上有三个桃尖朝外的大桃子，桃叶修长，叶尖翻卷，还有一朵盛开的桃花（图 2.53）。

石榴通常描绘成皮裂开露出籽粒的纹图，寓意榴开百子。石榴除与桃实组合成图案外，还与佛手、桃实组成福寿三多图案，寓意多福、多寿、多子（图 2.54）。

3. 菌类

菌类题材指的是灵芝纹。在《说文》中释灵芝为“神草也。”古人认为食之可以起死回生、长生不老，所以，灵芝成为寓意祝寿的题材，又因形状近似如意，故常以谐音寓意“如意”。

在这批资料中，灵芝的造型主要是折枝式，也有缠枝灵芝。未见灵芝纹单独出现的纹样。以灵芝纹为主题纹样的图案主要有三种：第一种，辅以菱格卐字地纹。这种组合数量较多。如蓝地折枝灵芝卐字织金纱经皮，折枝灵芝纹的枝条较长，灵芝花由一朵主花与几朵辅花组成，灵芝花的方向一致，整齐有余，变化不足（图 2.55）。第二种，灵芝云纹。如柳绿地四合如意朵云缠枝灵芝两色罗经皮，灵芝为缠枝式，四合如意朵云点缀其中（图 2.56）。第三种，辅以杂宝纹，仅见 3 件。如绛紫地灵芝花卉杂宝两色缎经皮，折枝灵芝纹只表现一朵灵芝花，灵芝纹的方向一左一右彼此交错，充满节奏与韵律，纤巧的杂宝符号点缀其中（图 2.58）。

4. 竹木类

竹木类题材有竹子、松树等。竹为多年生常绿植物，中空，有节。叶片修长。挺直秀丽的竹早就与文人结下不解之缘，成为高尚美德的化身。晋代有“竹林七贤”，唐代有“竹林六逸”，宋代文人书房陈设中也有盘曲的竹枝形玉器。宋元以来工艺美术纹样及绘画中，松竹梅岁寒三友、梅兰竹菊四君子等题材颇为流行。宋元以来丝绸中的“长安竹”纹样（松叶、竹子）是“竹报平安”的象征。明代的竹纹因与“祝”谐音，从而与象征长寿的纹样构成表达祝寿等吉祥含义的图案。经皮图案中的竹纹突出对竹叶的描绘。松树一般为常绿乔木，很少为灌木。自古以来，松便成为高尚品格的象征，也是长寿的象征。

松竹梅纹：这批经皮中的松竹梅纹为缠枝式，不表现其枝干，仅表现松针、梅花和竹叶。图案的主茎作波状延伸，松针三个一组、两个一簇，四片竹叶组成掌状，五瓣梅花正在盛开（图 2.59）。

竹、灵芝和梅花纹：这种组合的图案有一定数量。图案的主茎线条明显，竹叶或三片一组，或四、五片一簇，排列比较自如，主茎有时环绕梅花，有时环绕灵芝，颇富变化（图 2.60）。

竹、菊和梅花纹：这种组合的图案也有一些。图案中的菊花呈正面放射状，一层花瓣；梅花的造型与一般的五瓣造型有所不同，为六瓣花；竹叶三三两两排列（图 2.61）。

竹、灵芝和菊花纹：菊花呈正面放射状，花瓣之间比较稀疏；竹叶四个一簇、五个一组，点缀于花茎之上。花茎绕过灵芝纹和菊花纹（图 2.62）。

（二）动物纹

动物纹是这批经皮的一类重要装饰题材。有的是现实生活中存在的动物，包括鹤、兔和昆虫；有的是虚构出来的动物，包括龙、凤、螭螭、飞鱼、麒麟等。以龙纹、凤纹和鹤纹为主。装饰飞鱼和麒麟纹的经皮极少，或仅见头部，或仅见尾部。

1. 龙纹

龙纹是这批经皮的一个重要装饰题材。龙作为人们幻想出来的动物，发展到明代已经定型。从形态看，龙纹有升降龙、立龙、团龙、行龙或飞龙、正面龙等的区别。

（1）升降龙：升降龙是一升龙和一降龙构成的一对纹样。升龙头上尾下，身体盘曲成多段，四肢张开，呈升腾状。降龙的姿势与之相反，尾上头下，龙头回旋至腹部，四肢张开，呈下降状。升降龙的头部扁长，上颚翘起，似猪嘴状，有两根长须上飘，发上冲或微向前飘，下颚长有胡须几根。升龙的胡子一般前飘，降龙的胡子一般后飘，双角。身上有鳞，前粗尾细，一般为五爪，个别为四爪，趾甲尖，其中的四趾呈同向旋转状，另一趾旋转方向与其正好相反。肘部有毛，做飘动状。

与升降龙组合的纹样主要是云纹，云纹的造型又有火焰云、如意朵云和如意连云之分。龙纹与火焰云的组合图案，一般是一排升龙火焰云，一排降龙火焰云，相邻两排龙纹斜向对应，一升一降，富于变化（图 2.64）。在龙纹与朵云的组合中，常见的是一排升龙朵云纹，一排降龙朵云纹，相邻两排龙纹斜向对应，龙纹图案化较强（图2.65）。而龙纹与连云的组合，云纹以波状线的形式作斜向连续，其间的空地上填充龙纹，升降龙纹作为一组单位纹连续出现（图2.66）。

与升降龙组合的纹样还有少量花卉纹，折枝花为主，并有极少量的缠枝花。如蓝地折枝花卉升降龙织金纱经皮，图案中的折枝花卉有菊花、莲花、茶花等，两两相组，与升龙、降龙交替出现，一升龙与一降龙斜向相对（图2.67）。

（2）团龙：以圆形或团形架构呈现的龙纹为团龙。在这批资料中，团龙的形态为侧身盘转回旋，周围点缀云纹，以构成闭合的圆形。团龙本身的造型有两种，一种是龙身向后向上回旋，龙头基本位于团龙的中心；另一种是龙身向下向前回旋，龙头位于团龙的上部。龙的基本形象与升降龙相同，唯姿势不同。多数为五爪龙，个别为四爪。一般口微张，个别张口露舌。

与升降龙一样，团龙常以云纹作为辅纹，云纹的造型既有如意朵云，又有如意连云。如明黄地四合如意朵云团龙暗花缎经皮，朵云与团龙两两相错，规矩有致（图2.68）；大红地四合如意连云团龙两色缎经皮，四合如意连云呈斜向波状延伸，连云纹之间填团龙纹（图2.69）。

此外，还可见到团龙与杂宝纹、方棋纹等组合成的纹样。杂宝单独作为团龙的辅纹很少见，一般在朵云团龙纹样之外再点缀杂宝纹。如香黄地四合如意朵云团龙织金妆花缎经皮，在团龙与朵云纹样之间的空地上，点缀秀巧的杂宝符号（图2.71）；鹅黄地团龙方棋纹暗花罗经皮，图案以方棋纹为地，地纹上作圆形开光，内填龙纹（图2.72）。

（3）其他形式的龙纹

除了上述龙纹外，还有立龙、游龙、飞龙、行龙、腾龙和三龙纹。其中装饰游龙纹的经皮有6件，装饰飞龙纹的经皮4件，装饰其他龙纹的经皮各1件。除三龙纹图案中的龙纹为五爪外，其他龙纹均为四爪，即所谓的蟒纹。

立龙：以立龙为装饰题材的经皮子很少，为单一的立龙图案，龙纹规整、图案化。

游龙：我们把与海水纹组合的龙纹暂称为游龙纹。这种纹样造型较大，无一例可以看清龙纹整体面貌的纹样，我们仅能了解局部特征。如普蓝地龙水纹妆花纱经皮，图案中可见龙纹有力的四爪和长着鳞片的尾部，由此可见这种龙纹可能十分写实（图2.74）。

飞龙：我们把与云纹组合的大型龙纹图案暂称为飞龙，这种龙纹与游龙一样，无一例可以看清龙纹的整体面貌。如普蓝地云龙纹加金妆花纱经皮，龙身上的鳞纹描绘得十分精致（图2.75）。

行龙：头尾方向相异，龙纹图案化，有五爪，趾甲显得无力，龙身细长，缺乏生气（图2.76）。

腾龙：龙自海面向上升腾，与升降龙中的升龙形象相似，唯更为写实，嘴大张，须前飘，发更为夸张（图 2.77）。

三龙纹：由两条腾龙和一条正面龙构成（图 2.78）。

2. 凤纹

凤为中国传说中的瑞鸟，在百鸟中雄居冠首。凤纹也是这批经皮子的一个重要装饰题材，造型主要表现为鸡头，羽身，火焰云状或羽毛状长尾，双翅一般展开。凤纹的头部做侧面观，凤身和尾部做背面观。一般采用写实的表现手法，也有少量图案化的凤纹。从形态看，有飞凤、团凤、立凤等，不同形态的凤纹在细部特征和纹样组合上有所差别。

（1）飞凤：飞凤是凤纹最主要的形态。在不同的纹样组合中，飞凤的尾部有所不同。

飞凤与花卉纹是最常见的组合，主要包括以下两种：第一种，凤穿牡丹纹。凤为百鸟之王，牡丹为百花之王，凤与牡丹结合，寓意吉祥富贵。在装饰凤穿牡丹的经皮中，凤纹非常写实，为鸡头，颏下有一根长羽，头上有花形高冠，尾部或分成三叉，呈火焰云状，或为三片长羽。茂盛的花，飞舞的凤，静中有动，动中有静，图案给人以雍容华贵之感（图 2.79）。第二种，凤穿缠枝牡丹、莲花和菊花等多种花卉。在这种组合中，凤眼圆睁，头上有两根长翎，双翼羽毛繁密，尾羽五片。凤或伸颈向上，或收颈向下，在缠枝牡丹、莲花和菊花中穿行。

飞凤与云纹也是较为常见的组合，构成云凤纹。如桔红地云凤纹暗花绫经皮，火焰形云纹，凤纹较图案化，有尾羽四片。

飞凤与菱格万字地纹组合出更为繁复的纹样，所见经皮均为同样的图案，以凤纹为主题纹样，凤纹的尾部有所变化，一为尾羽五片，另一为尾部歧出，似火焰云状。两种凤纹的头尾方向正好相反，一为头上尾下，一为头下尾上，两两以喜相逢的形式组合，或带有“鸾凤呈祥”的吉祥意义（图 2.80）。

飞凤与鹤纹的组合。这种纹样的经皮子很少，仅 2 件。飞凤鹤纹中的凤尾分叉，似火焰云，凤头侧视，凤翅张开；鹤口衔灵芝，曲颈而翔，图案寓意吉祥长寿（图 2.81）。

（2）团凤：团凤纹基本程式化，由弯曲的凤体辅以朵云纹构成团状，凤尾也有五片羽和火焰云式尾之分。团凤一般很写实，因构图需要，花冠向前弯曲，一翅微收合，另一翅张开。团凤主要与缠枝花卉构成组合纹样，有的辅以勾连万字纹。团凤与云纹组成纹样的经皮数量很少。

团凤与缠枝莲花、宝相花和牡丹中的一种或两种花卉是较常见的组合，花朵一般造型较大，饱满的花朵与团状的凤纹十分和谐。如石青地缠枝牡丹宝相花团凤纹缎经皮，团凤一为五片尾羽，一为火焰云形尾羽，两种团凤交错装饰于缠枝牡丹和宝相花之间的空地上（图 2.82）。

（3）立凤：以立凤为装饰题材的经皮子很少，仅见2件，纹样完全相同，为单一的立凤图案。凤纹规整、图案化，头侧向，双翅展开，三片尾羽向下再向侧面弯曲，头侧的方向与尾弯的方向相同。相邻两行凤纹头向与尾向相异，使图案在规矩中有一定变化（图2.83）。

（4）其他形式的凤纹

有一些经皮子上装饰的凤纹与海水江崖纹相组合，推测应为二方连续图案。凤纹仅见局部，难窥全貌，似与上述凤的各种形态不同，故暂单独列出加以描述。如明黄地折枝花凤纹加金妆花纱经皮，图案由海水江崖和折枝花凤纹组成，所见凤纹十分写实，作回首状，凤头上和颏下之饰与前述凤纹不同（图2.84）。再如大红地云凤纹加金妆花罗经皮，所见凤尾有五片飘带形尾羽，三长两短，与飞凤和团凤的尾羽不同（图2.85）。

3. 龙凤纹

龙凤纹一般以植物纹作为辅纹。在这种组合中，龙纹皆五爪。根据龙凤纹造型的不同可分成两种情况。第一种，缠枝花团龙凤纹。图案由缠枝牡丹、莲花和团龙团凤组成，团龙与团凤纹两两相错（图2.86）。第二种，龙凤穿花纹。图案中的凤展翅而飞，五片尾羽；龙侧向，双上肢一前伸一后伸，尾由两后腿之间穿过，造型与腾龙非常相似（图2.87）。

此外，还可以见到龙凤纹与几何纹组合的纹样。比如，有的图案以方棋纹为地，地纹上作花形开光，内填龙凤纹，点缀团状折枝花（图2.90）。

4. 仙鹤纹

仙鹤也是一个很重要的祥禽类题材，在装饰图案中成为长寿的象征。飞鹤是鹤纹的主要造型。其表现手法有三种：写实、写意和半写实半写意。以写实性鹤纹为主，这种造型对鹤的描绘细致入微，对翼、尾巴上的羽毛进行了类似工笔画似的描绘，长颈或伸或屈，鹤或为升腾状，或为俯冲状，造型生动，动感很强。写意性鹤纹非常图案化，仅具鹤的外形，一般不对身体和双翅上的羽毛进行细致描绘。半写实写意的鹤纹较为少见，仅表现身体的轮廓，双翅的羽毛描绘得较为清晰。

飞鹤纹与其他纹样的组合形式主要有：一、云鹤纹，这类图案比较多见。或朵云为辅纹构成朵云飞鹤纹，或以流云为辅纹组成流云飞鹤纹。如白地云鹤纹加金妆花纱经皮，飞鹤纹十分写实，鹤张嘴露舌，舒展双翼，向同一个方向飞翔，鹤纹之外的空地上填饰彩色朵云纹（图2.91）。再如木红地云鹤纹两色缎经皮，鹤纹半写实半图案化，流云或波波折折，或弯转回旋，鹤依着云，云绕着鹤，颇有几分意境（图2.92）。此外，还有个别经皮在云鹤纹中再点缀杂宝纹或折枝花纹的。二、八音飞鹤纹，是由乐器纹与较为写实的鹤纹共同组成的图案。八音是中国古代对乐器的统称，包括金（钟、铃等）、石（磬）、土（埙）、革（鼓等）、丝（琴、瑟等）、木（柷、敔等）、匏（笙、竽等）、竹（管、龠等）八类乐器。图案中的仙鹤或口衔乐器，伸颈而飞，或口衔灵芝，曲颈而舞，姿态曼妙，乐器可见鼓、笙等，似在流淌着动听的音乐（图 2.93）。三，鹤纹与植物纹的组合。最主要的是与灵芝、桃组成的灵仙祝寿纹。鹤纹图案化，鹤纹、灵芝纹和桃纹各自成行，错落排列。

团鹤纹比较少见。所见者为如意形团窠，内填鹤纹，图案规矩整齐（图 2.94）。

5. 蟠螭纹

螭是中国古代传说中的一种神兽，在《说文解字》中有“若龙而黄……无角曰螭”的解释。所以，一般把与龙相似的无角四足神兽称为螭。据说，它是龙的子孙，因造型多呈盘曲蜿蜒或攀援匍伏状，故称蟠螭。经皮中所见的蟠螭纹与勾连万字纹、鱼鳞纹、菱格纹等几何纹组合成图案，其中最常见的是与勾连万字纹的组合。有的图案，螭纹比较图案化，螭面如虎，脚有三趾，身体蜷曲成团状（图 2.95）。有的图案，以小菱格纹为地，以云纹构成团窠，内填螭纹。螭纹十分写实，张口露齿，双目圆睁，四足矫健，脚有三趾（图 2.96）。

6. 兔纹

在这批经皮子中，兔纹并不多见，仅有 5 件经皮子装饰兔纹，图案都相同，写实性很强。兔子或口衔灵芝向前奔跑，或边奔跑边回头张望，颇为生动。主纹之外的空地上填杂宝纹、折枝花纹（图 2.97）。

7. 昆虫纹

用于装饰的昆虫图案包括蜜蜂和蝴蝶，它们不单独作为装饰纹样，或与朵花共同组合成纹样，或点缀在花卉纹之间的空地上。如茄色地折枝菊蜂蝶双层锦经皮，图案中菊花盛开，花叶茂盛，栩栩如生的蝴蝶和蜜蜂在花间徘徊，给人一种生机盎然的自然情趣（图 2.98）。

（三）自然景观

1. 云纹

“祥云献瑞”是中国吉祥文化赋予形态多变的云的象征意义。云纹也是这批经皮子的一个重要装饰题材。云纹或作为主题纹样，或作为辅助纹样。云纹作为主题纹样时，表现的比较具体；作为辅助纹样时，一般更为图案化。从造型看，云纹有连云、朵云、火焰云、流云之分。不同形状的云纹在组合上又有一些变化。

(1) 连云：连云的组合有三种形式。

第一种，单一连云作为装饰纹样。这种图案的经皮比较多。连云的造型主要是四合如意形云头，上下左右共四条云脚，偶尔在上下两条云脚旁飘出小云脚，云头通过其中的两条云脚彼此串联。这种连云纹有的造型较大，云头丰满（图 2.99）；有的造型较小，云头秀巧（图 2.100）。此外，连云的云脚造型还有其他的变化，比如，云纹的一条云脚分叉，分别与错落排列的两个云头相连，另一条云脚自由飘动，还有一条云脚与另一云头相连（图 2.101）。还有少量经皮的连云造型与上述连云有所不同，即四合如意云头十分图案化，由四个涡纹组成，两条云脚向两侧飘动，另外两条云脚呈 S 形，分别由三条线条组成（图 2.102）。

第二种，连云作为龙纹、凤纹和大朵灵芝纹的辅纹。这种图案的经皮数量也很多。连云的形状有两种，一种造型是四合如意云头，除了用于串联各个云纹的两条云脚外，在云头两侧一般还飘动着三条或四条短小的云脚（图 2.103）。还有一种更为图案化的形式，即云头不是四合如意式，而是“二合如意式”，云朵一般两两相连，不像单一形式的连云那样规整严谨（图 2.104）。

第三种，连云辅以杂宝纹和细小的灵芝纹。在这样的组合纹样中，连云斜向或纵向延伸，连云之间填充杂宝纹或灵芝纹（图 2.105）。

（2）朵云：朵云的组合有四种形式，不同组合中朵云的造型有所差别。

第一种，单一朵云作为装饰纹样。朵云的形状一般也是四合如意形云头，上下左右四条独立的云脚，有的朵云造型较大，排列稀疏些（图 2.106）；有的朵云造型较小，排列十分密集（图 2.107）。

第二种，朵云辅以杂宝纹或勾连万字纹、菱格万字纹。如大红地四合如意朵云杂宝纹棉锦经皮，用多种颜色织出朵云纹，朵云之间的空地上填充杂宝纹（图 2.108）。

第三种，朵云作为龙、凤、杂宝朵梅、灵芝、鹤等纹样的辅纹，这样的图案大量存在。朵云造型一般是四合如意式（图 2.109）。也有在此基础上的简化和变形朵云，云纹可谓是“二合式”（图 2.110）。

第四种，朵云与杂宝朵梅纹、灵芝纹共同构成主题图案。朵云的云头或似“品”字，与杂宝朵梅纹间隔错落（图 2.111）；或为四合如意式，与灵芝纹两两相错，共同表达吉祥的内涵（图 2.112）。

（3）火焰云：火焰云如同树枝状。未见独立构成图案的火焰云。火焰云的组合形式有两种。

第一种，火焰云杂宝纹。火焰云作斜向连缀，相邻的云纹云头方向发生转换，富于韵律感，留出的空地上填充杂宝纹（图 2.113）。

第二种，火焰云作为龙凤纹的辅纹。一大一小方向相反的火焰云作为一组辅助纹样，装饰于主纹升降龙之间的空地上（图 2.64）。

（4）流云纹：与上述块状云纹不同，流云纹是用线条表现出来的，线条弯曲盘绕，表现出流动的、飘忽不定的云。流云纹与杂宝纹组合成杂宝流云纹，杂宝纹的造型非常细小，显得琐碎（图 2.114）。

2. 水纹和水景

水是人类生活须臾无法离开的物质。在这批经皮中，水纹一般作为龙、凤、花卉等纹样的辅助纹样，构成主题纹样的背景，起着增添气势、增补空间的作用。

海水纹：海水纹与江崖纹构成相对固定的纹样，即海水江崖。水纹基本上图案化，表现成大海中的波涛，一个波浪接着一个波浪，一个波浪高过一个波浪，浪尖上浪花朵朵。主纹或龙或凤，有时还点缀云纹或折枝花纹（见图 2.77、2.85）。

流水纹：流水与落花构成比较固定的纹样，即落花流水。在这样的题材中，水纹有的已图案化，水波的形状和排列方式象一片片鱼鳞，水纹之上是自由散点排列的朵花（图 2.115）。有的则表现为 S 状波纹和小浪花的形式，既有对波纹的表现，又有对水花的描绘，有一定的动感（图 2.116）。有的水纹以单线条表现，描绘得比较简单，线条状的水波纹曲曲折折，水波之上飘浮着朵花，或五瓣，或八瓣（图 2.117）。

水景：水景的纹样都是具有一定写实风格的鱼荷花鸾纹，一段段单线条水波断断续续，荷花亭亭玉立，一对对肥美的鲶鱼在水中自由的游着，鹭鸶或拍打翅膀在水面嬉戏，或展翅伸腿而飞（图 2.119）。

（四）杂宝与八吉祥

1. 杂宝纹：杂宝纹是一些源于民间的吉祥物件组成的图案。当物件数量为八时，称为八宝纹。在这批经皮子中，杂宝纹主要包括火珠、银锭、方胜、灵芝、犀角、珊瑚、古钱等。杂宝纹与其他纹样的组合有三种形式：

(1) 杂宝纹作为主题纹样的辅纹。最多见的是杂宝纹作为云纹、折枝花的辅纹。此外，还可见到其作为动物纹、人物纹的辅纹。一般杂宝点缀于主纹之间的空地上，但在与云纹的组合中，还出现了以杂宝纹构成团窠的例子。

与杂宝纹组合的云纹几乎涵盖了云纹的各种造型，如四合如意连云、四合如意朵云、流云、火焰云等。如明黄地四合如意杂宝连云两色缎经皮，云纹斜向延伸，连云之间可见古钱、方胜、火珠、犀角等杂宝符号，纹样主次分明（图 2.120）；茶绿地四合如意朵云杂宝潞绸经皮，朵云作规则散点式排列，其间的空地上填入方胜、灵芝、锭、鼓板等杂宝图案（图 2.121）；大红地火焰云杂宝两色纱经皮，相邻的火焰云方向相异，火焰云之间填充的杂宝纹排列比较密集（图 2.122）。

与杂宝纹组合的折枝花包括灵芝纹、莲花纹、梅花纹等。如香黄地折枝莲两色缎经皮。莲花成熟饱满，两两相错有序排列，一火珠纹见于两枝莲花之间（图 2.123）。此外，杂宝纹还作为团龙纹、龙凤仙鹤纹、奔兔纹和绵羊童子纹的辅纹。

(2) 杂宝纹与几何纹的组合。这种图案的经皮子也有一些。有的是以勾连万字纹（即曲水纹）为地纹，杂宝符号呈散点排列（图 2.124）。有的是以菱格纹为骨骼，内填杂宝符号（图 2.125）。有的是杂宝纹与菱格万字纹相结合（图 2.126）。

(3) 独立的杂宝纹作为装饰纹样。这类经皮子数量很少。杂宝纹的各个符号或造型较大（图 2.127），或为团八宝纹，团花的轮廓由拱卫灵芝的犀角构成，内填火珠、古钱、方胜、珊瑚等（图 2.128）。

2. 八吉祥：藏传佛教的图案，包括法螺、法轮、宝伞、白盖、莲花、宝瓶、金鱼、盘长，也称为“八宝纹”。但为了与上文提到的八宝纹相区别，有必要在称八吉祥纹为八宝纹的时候加上一个前缀，即佛家或佛教八宝纹。与杂宝纹相比，八吉祥纹在这批经皮子中的出现频率要低得多。与八吉祥纹组合的纹样主要是缠枝莲纹或缠枝莲与宝相花纹，此外，还有菱格万字纹。八吉祥符号或填充于缠枝花之间空地上（图 2.129）；或置于各朵莲花之上（图 2.130）；或以菱格万字纹为地纹（图 2.131）。

3. 杂宝与八吉祥组合的纹样

杂宝纹与八吉祥有时组合出现，一般是共同作为主题纹样的辅纹。这样的经皮子 11 件，纹样相同，主纹为缠枝牡丹和莲花纹，杂宝纹和八吉祥的某些符号填充于主纹之外的空地上（图 2.132）。还有一件经皮图案由杂宝纹的八个符号与八吉祥的各个符号构成，纹样横成行，纵成列。单位纹样由四组 16 个符号构成，四组符号分别是：双鱼、古钱、海螺和火珠；犀角、盘长、灵芝和宝瓶；莲花、鼓板、火轮和犀角；银锭、宝瓶、方胜和宝伞。每一列以一组符号为单位重复出现（图 2.134）。

（五）文字

1. 寿字：寿在人们的观念中占有重要位置，人们希望长寿，因此，寿字经过美化、加工，成为一种吉祥装饰图案。在这批经皮子中，寿字是较常使用的装饰文字。

寿与其他纹样的组合有三种形式：

第一种，独立的寿字纹。这样的经皮子较多，共有 108 件。寿字多为繁体楷书，两两相错（图 2.135、2.136）。

第二种，寿字与其他纹样共同构成主题图案。(1) 寿字与如意云纹组合成的图案，寓意长寿如意（图 2.137）。(2) 寿字与桃子或灵芝纹组合，有时还有仙鹤纹，图案具有浓厚的长寿寓意（图 2.138、2.139）。(3) 寿字与石榴、桃子等构成纹样，表达多子、多寿的主题（图 2.140）。(4) 寿字与葫芦、鲶鱼组合成图案，鲶鱼的鲶字与“年”谐音，葫芦与“福禄”谐音，以谐音的方式表达年年福禄吉祥寓意（图 2.141）。

第三种，寿字作为缠枝宝相花的辅纹。这样的经皮子共有 9 件。如绿地缠枝宝相花寿字织金缎经皮。主题纹样为宝相花，宝相花之间的空地上填饰寿字（图 2.142）。

2. 卍字纹：卍是梵文，在梵文中称 Srivatsa，意思是“吉祥之所集”。作为一种宗教符号，它于东汉末年随着佛教传入中国。唐武则天大周长寿二年（693 年），定此字读作“万”。唐宋以来，卍字除了佛教使用外，还成为一种具有祥瑞意义的图案元素。明代也继承了这一装饰传统。卍字纹有时逆向旋转为卐字，吉祥的含义没有区别。

在这批经皮子的装饰图案中，卍或卐字不作独立的纹样，它主要作为其他纹样的辅纹。卍字的组合主要分成三种形式：第一种，以卍字为基础构成的勾连纹。我们一般把这种纹样归入几何纹样，但其构图基础是卍或卐字，所以有必要在此提一下，有关内容详见“几何纹部分”。第二种，填于菱形格内的卍字纹。菱格内有时是左旋的“卍”字，有时是右旋的“卐”字，有时左旋的“卍”与右旋的“卐”字交替出现。卍字填于菱形格内，使几何形图案变得更为饱满，这种组合纹样称为菱格万字纹。菱格万字纹大量存在，一般作为凤凰、龙、杂宝、八吉祥、朵梅、折枝灵芝、折枝莲、如意朵云等纹样的地纹，但也有个别作为主纹的。第三种，卍字点缀于折枝花卉或花果纹之间。如茶绿地折枝花卉卐字暗花绫经皮。单朵折枝花之间点缀小朵花，双朵折枝花之间点缀卐字，风格清新雅致（图 2.143）；蓝灰地折枝花果纹暗花绫经皮，折枝桃和折枝石榴之间的空地上均点缀五个卍字，以其中的一个卍字为中心，其余的四个卍字若位于一个正方形的四个顶点（图 2.144）。

3. 四字吉语：与“寿”、“卍”字比较起来，以四字吉语作为装饰的经皮子较少。包括平安大吉、万寿平安、福寿康宁、国泰民安、五谷丰登等，以平安大吉和万寿平安为多见。“平安大吉”四字吉语常与果实纹组合成图案（图 2.145）；“万寿平安”则往往与灯笼纹相结合（图 2.146）。

（六）人物纹

人物纹包括佛教人物和童子题材。

佛教人物：佛教人物纹中仅见四大天王纹样，四大天王有头光，双目圆睁，周围祥云环绕。前排左侧当为南方增长天王，左手托塔，右手持剑；前排右侧当为北方多闻天王，双手握伞；后排左侧当为西方广目天王，手中执蛇；后排右侧当为东方持国天王，手握琵琶。四大天王为汉传佛教中的护法神，也代表了风调雨顺（图 2.110）。

童子：童子题材体现了传统中国农业社会对延续子嗣的重视，对子孙满堂的期盼。经皮所见童子题材包括婴戏莲、童子骑羊。戏莲的婴孩姿态各异，有的执莲茎回望，有的注视手中的莲花，莲为多子植物，婴戏莲纹有企求子孙兴旺的吉祥含义（图 2.147）。骑羊的童子穿着厚厚的棉衣，戴着毛绒绒的暖帽，肩扛挂着鸟笼的梅枝，穿行在茶花、梅花等之间，他满脸笑容，似乎在回望着什么，梅与鸟可以报春，羊与阳音相谐，图案有童子报春的寓意（图 2.148）。

（七）器物纹

1. 灯笼纹

宋代成都有一种锦名为灯笼锦。纹样以灯笼为主体，饰以流苏和蜜蜂。流苏一般是谷穗的变形图案，代表“五谷”，蜜蜂的“蜂”、灯笼的“灯”分别与“丰”“登”谐音。因此，图案寓意“五谷丰登”。灯笼纹在元明时期得到了进一步发展。从这批经皮子看，灯笼纹也是一个比较多见的纹样。其造型有八角形、椭圆形、圆形和葫芦形之分。有些经皮以一种形状的灯笼作为装饰纹样，有的则装饰着两种不同造型的灯笼纹。同一形状的灯笼纹通过内填纹样和流苏造型的不同而变化出不同的图案。这批经皮上的灯笼纹保留着灯笼作为主体并饰以流苏的图案，但一般不用蜜蜂作为辅助纹样。从含义看，所表达的吉祥意义更为广泛，超出了原来的五谷丰登的内涵。

八角形灯笼纹：八角形灯笼的主体部分呈八边形，内部包含 5 个长方形和 4 个三角形，长方形排列成十字状，三角形排列在十字的四角，长方形内填数量不等的圆点组成的朵花纹，三角形内填一个圆点。灯笼两侧的流苏若飘带状，灯笼顶部似华盖。未见蜜蜂纹（图 2.149）。

八角形灯笼与椭圆形灯笼纹：椭圆形灯笼纹与八角形灯笼纹很相似，区别在于椭圆形灯笼纹的轮廓线和内部分界线变成弧线形。八角形灯笼纹与椭圆形灯笼纹往往两两相错，排列整齐有序（图 2.150）。

圆形灯笼纹与长方形灯笼纹：圆形灯笼的主体呈圆形，圆心部位装饰朵花，流苏若珠琏状；长方形灯笼造型比较简单，以图案化的莲花莲叶为饰。这种组合图案中，四个圆形灯笼纹呈向心式排列，圆形灯笼之间装饰长方形灯笼（图 2.151）。

葫芦形灯笼纹与“万寿平安”等吉祥文字的组合：灯笼主体呈葫芦形，内填万寿或平安，流苏由朵花和小葫芦串成（图 2.146）。这种纹样的经皮子较多。还有一件经皮子的葫芦形灯笼纹较为特别，即蓝地葫芦灯笼纹双层锦经皮，灯笼杆为龙形，除串葫芦形流苏外，龙杆上还垂下四字吉祥语条带，主体纹样之外的空地上装饰以灵芝花为主花的花束，葫芦内填表达吉庆寓意的符号（图 2.152）。

八角形灯笼纹与圆形灯笼纹：圆形灯笼纹与八角形灯笼的造型与上述同类灯笼基本相同，但内填纹样和流苏有所不同，灯笼旁有蜜蜂纹（图 2.153）。

2. 瓶

以瓶为装饰纹样的经皮仅见 1 件。瓶本为容器，一般口小腹大，早在新石器时代就已出现。在佛家“八吉祥”纹样中有“宝瓶”（也称之为罐），又因瓶与“平”谐音，故此器成为具有平安含义的图案元素。绿地牡丹永安瓶八宝潞绸经皮的图案由瓶、牡丹花、文字和杂宝构成。瓶颈系飘带，飘于瓶之两侧，使器物图案于庄重中显出飘逸和潇洒；瓶的上下和两侧点缀珊瑚、银锭、方胜等杂宝符号；牡丹花较为图案化，象征富贵，与瓶的纹样相错排列，图案充满浓郁的平安富贵寓意，更以“永安”二字强化对吉祥的期待（图 2.154）。

（八）几何纹

从所挑选的经皮标本来看，几何纹包括菱格纹、勾连万字纹、方棋纹、四答晕、盘绦纹、海棠格纹、胡椒眼纹、锁纹、鱼鳞纹等。其中以装饰菱格纹和勾连万字纹的经皮数量最多。根据几何纹在图案中的装饰作用，可以把这些几何纹分成下列四种情况：

1. 既作为内填纹样的骨骼，又作为地纹的几何纹，包括菱格纹、方棋纹。

菱格纹：菱格纹是以菱形为基础的几何纹样，它是这批经皮子出现频率最高的几何纹。根据与其他纹样的组合，菱格纹可分成两种形式：一种是作为其他纹样填充骨骼的菱形格。在这种形式中，菱形格或由单纯的直线斜向45度交织而成；或由连续的回纹、灵芝纹等纹样构成菱形骨架，有时，在菱形格的四个顶点点缀朵花；还有的是以小菱形格为单位纹向四方连续构成。菱形格内填入万字、朵花、杂宝等纹样（图2.155）。另一种形式是作为地纹的菱格纹，其与主题纹样的组合方式包括“锦地开光式”和“锦上添花式”（详见下文的“组织形式”部分）。无论哪种形式，地纹以菱形格内填万字为多见。锦地开光式的主题纹样较少，包括团花、杂宝纹等；锦上添花式主题纹样较多，包括八吉祥、朵花、折枝花以及龙凤纹等。

方棋纹：在这些经皮标样本中，方棋纹并不多见。其特点是以水平与垂直直线相交形成的方格纹为基础，通过相邻方格内所填纹样或色彩的变化构成棋盘格的效果。方棋纹在图案的运用中有两种情况：一是作为主题纹样。方棋格或者很小，相邻的方格，一格为素面，另一格内填朵花，错落有致（图2.156）；方棋格或者较大，相邻的方格，一格填规则散点式排列的朵花，另一格内再套方棋纹，较前一个图案层次更为丰富（图2.157）。二是作为团龙凤、团龙纹的地纹使用。如大红地方棋团龙团凤纹锦经皮，通过织金的方式构成金色与红色两种错落有致的方格，在空出的葵花式开光内填彩色龙凤纹（图2.158）。

2. 主要作为地纹的几何纹，如勾连万字纹、锁纹。

勾连万字纹：这种纹样又被称为万字流水纹、（卐字）曲水纹、万字不到头等。勾连万字纹是若干万字向四个方向延伸并彼此连接的图案，具有绵远久长的吉祥寓意，在经皮的装饰图案中大量存在。它一般作为地纹出现，其上装饰其他纹样。从勾连万字地纹与主纹的组合方式看可分成两类。一类是锦地开光式，主纹包括折枝灵芝、折枝梅、朵花、蟠螭、如意朵云等（图2.159）。另一类是锦上添花式，主纹包括缠枝牡丹、折枝牡丹、婴戏莲等（图2.160）。

锁纹：锁纹的图案是空心人字形纹做条带式四方连续构成的纹样。所见6件经皮子的纹饰完全相同。如米黄地锁纹动物纹匣锦经皮，通过织银产生锁纹的效果，主纹为张口翘尾的四足动物，填充于六瓣花形窠内（图2.161）。

3. 仅作为内填纹样骨骼的几何纹，包括四答晕、盘绦纹、海棠格纹等。

四答晕：凡圆形四周有骨架线向四个方向相连的称四答晕。如绿地四答晕团寿纹双层锦，几何图案由圆形和方形组成，圆形内填寿字，圆形周围环绕如意云纹或灵芝纹，圆形之间为方形，内填朵花纹，图案表达长寿如意的含义（图2.162）。再如大红地八角朵花天华锦经皮，这件天华锦图案的骨骼实际是不留明显骨架线的四答晕，以六边形为单位纹构成四方连续图案，六边形内填折枝花或朵花（图2.163）。

盘绦纹：盘绦纹是以几何线条相互勾连而成的纹样。有 13 件经皮子装饰盘绦纹，内填盛开的牡丹、莲花等。如木红地盘绦纹莲花棉锦经皮，图案可见填充莲花的盘绦纹，蓝色莲花，白色花茎，置于蓝、白线条构成的盘绦内（图 2.164）。

海棠格纹：海棠格纹是海棠形的几何纹样，往往内填花卉纹。如茶绿地海棠格填朵花两色缎经皮，海棠格横成行，纵成列，排列十分规整，斜向海棠格之间还填以方格朵花，使纹样更显紧凑。

4．主要作为主纹的几何纹，如鱼鳞纹、胡椒眼纹。

鱼鳞纹：鱼鳞纹即鱼鳞状纹样，但也有人称之为波纹，均据此纹样的形状而命名，至于其创作原形则不得而知。在装饰鱼鳞纹的 8 件样本中，以鱼鳞纹为主题纹样的经皮子 6 件，弧形鱼鳞纹交错相搭，规矩整齐（图 2.166）；以鱼鳞纹为地纹的经皮子 2 件，主题纹样均为螭纹，装饰于菱花形开光内（图 2.167）。

胡椒眼纹：胡椒眼纹的特点是纹样小，若眼睛。所见的 3 件经皮子都以此作为主题纹饰。胡椒眼纹或排列较为密集（图 2.168），或排列得比较稀疏（图 2.169）。

二、图案的组织形式

（一）单独纹样

在《中国工艺美术大辞典》中，单独纹样定义为“可以与四周分离，能够独立存在而具有完整感的纹样”，适合纹样被看作是单独纹样的一种组织形式。而在《现代图案设计》中，单独纹样是指“没有一定的外形轮廓，能够独立存在和欣赏，具有完整的装饰形象”，适合纹样被看作是与单独纹样相对独立的一种图案形式。我们在本书中遵循后一种说法。

在这批经皮中，单独纹样的运用方式有两种，一种是作为填充纹样，另一种是作为四方连续图案的基本单位，后者我们将在四方连续图案中分析到。在此，我们仅介绍一下填充纹样。填充纹样是将纹样填入一定的外形之内，不求纹样物象自身的完整和适形，而要求纹样整体的均衡感。这批经皮中的填充纹样不多，仅见 3 种。其共同特点是依据经皮的大小确定长方形边框，内填图案 ，图案的中部为经卷名，其他纹样一般以经名作左右对称。例如，石青地莲花“中顶禅院”两色绸经皮，图案正中的瓣窠内，自上而下纵向填“中顶禅院”四个字，以这四个字为轴线左右装饰莲花纹和八吉祥符号，上下各有一朵莲花遥相呼应，框内四角各有一字，连在一起是“江山一统”（图 2.170）。

（二）二方连续

二方连续是指运用一个或几个不同的单位纹作两面（即左右或上下）反复、交替排列所构成的条形图案。根据图案骨式的不同，二方连续又有散点式、波线式、接圆式等不同形式。散点式二方连续是以散点为单位作等距离反复连续排列。

在我们所研究的经皮子中，二方连续图案非常少见。但作为一种构图形式，有必要提及。一件是蓝灰地龙栏两色锦经皮，图案为散点式二方连续，散点有两个，即龙纹和云纹，以龙纹为主，彼此交替反复出现，呈现条带状纹样（图 2.76）。另一件是大红地万事大吉葫芦加金妆花缎经皮。妆花部分的图案应是二方连续图案，从局部推测，可能是综合式的二方连续，图案丰富多彩，包含的纹样单位较多，有葫芦、葫芦叶、葫芦枝和葫芦花，葫芦的造型有大有小，使得悬挂的高度产生高低之间的差异，形成比较强的对比（图 2.49）。

（三）四方连续

1．几何排列

几何排列是这批经皮图案中较为重要的一种构图方式。根据几何纹的繁简程度，可分为简单几何排列和复杂几何排列。简单几何排列基本是单一几何图形的重复延续。复杂几何排列则是不同几何图形相互连接构成的网状四方连续。由于几何图案既是一种纹样，也是一种图案组织方式，所以在本节的叙述中难免有与“几何题材”相重复之嫌。

(1) 简单几何排列　简单几何排列包括方格排列和菱形排列。

①方格排列

方格排列是以连续的方格作为骨骼的图案组织方式，相邻方格往往形成鲜明的对比，从而使图案既规矩整齐，又不失变化。较常见的方格图案是通过两种方形色块间隔交错构成连续的方格纹样，所见者均作为其他纹样的地纹（图 2.90）。也有的方格纹是在色彩对比的基础上，再填入朵花纹，使格子图案更加富于变化（图 2.156）。还有的方格纹是“格中套格”的样式（图 2.157），其基本骨式是大方格纹，在大方格内又填入小方格纹，与填入朵花作散点排列的方格交错排列，这种“格中套格”的纹样既大气，又不失精致。

②菱形排列

菱形排列是以菱格为基础构成的连续图案，菱格或上下交错整齐排列，或由斜线相互交错排列而产生菱格效果，或由其他连续纹样构成菱形骨骼（具体介绍见图案题材中的“几何纹样”），菱格内通常填入其他纹样。根据菱形连续的方式，可以分成两种情况：一种我们暂称之为“绝对连续式”，即构成菱形格的线条或连续图案在延伸的过程没有其他纹样界入，给人一种无限延伸之感。另一种我们暂称之为“欲断还连式”，即构成菱形格的线条或连续图案在延伸过程中间以朵花，从而使延展的线条暂时中断后再接续（图 2.155）。

③连续的小几何纹

以小几何纹样作为单位纹向四方重复连续。在这批经皮中，最为常用的单位纹是卍或卐字纹，矩纹很少见。以卍或卐字作为单位纹构成的连续图案称作勾连万字纹或万字曲水纹，它一般作为其他纹样的地纹出现（图 2.4）。

（2）复杂几何排列

①盘绦纹

这批经皮子中的盘绦纹是以各种几何线相互穿插交搭而构成的几何骨骼，在其中填充不同的花纹（图 2.164）。

②海棠格排列

海棠格排列是以海棠形格子作为单位纹向四方重复连续而构成的图案骨式，格内填充其他纹样。

③四答晕

四答晕是在宋元时期八答晕图案形式的基础上变化产生的，凡"圆形四周有骨架线向上下左右及斜角八个方向相连的称八答晕，向四个方面相连的称四答晕，不留骨架线的一般称天华锦"（图 2.162）。

2．散点式排列

单位主纹呈点状，主纹之间有一定距离，故称散点。采用一个主纹排列的叫一个散点，两个的叫两个散点，以此类推。散点的排列有规则和不规则两种排法。规则排列是根据单位纹中的散点个数，按照一定的格式进行排列。不规则排列指在一个单位内，花纹的排列没有固定的部位限制，只要将花纹在一定范围内的上下和左右连续接头的循环点确定后，其他花纹可随意穿插。就这批经皮的散点式排列图案来说，可以根据主纹的构成特点，分成以下几种不同形式：

（1）团纹类散点排列

团纹类散点排列是以团纹单位纹作规则散点排列的组织形式。团纹的构成，因题材的不同而有所不同。一种是将纹样的边缘线条变形成符合圆形的弧形，比如团龙、团凤等；一种是用其他纹样围成圆形的边框，内填主题纹样，如以杂宝纹的各种符号围成圆形的边框，内填朵花；一种是以一个纹样作为中心，外围以放射状环绕其他题材的图案，比如五湖四海纹；还有一种属于团窠图案，如团鹤纹，叶片形窠，内填适合纹样鹤纹。

单一团纹组成的图案，团纹按米字骨骼排列，两两相错，隔列或隔行完全对齐，纹样井然有序（图 2.73）。团纹与其他造型很小的辅纹构成的图案，则是在上述单一团纹构图的基础上，将小型辅纹环绕在团纹周围（图 2.124）。团纹与其他造型较大的纹样构成的图案，则运用井字骨骼的构图形式，朵云与团龙纹纵向与横向均交替出现，纹样隔列相同并对齐（图 2.71）。

（2）折枝纹散点排列

折枝纹样就是带有花（果）、叶的一截断枝，往往以花朵或果实为中心，周围搭配几片叶子。有的较为写实，能够明确植物的种类，有的则较为图案化，无法明确植物的种属。折枝纹作为装饰纹样，一般采用不同类型植物纹样相互组合的形式，以一种折枝纹单独作为装饰纹样的经皮非常少。折枝类散点的排列形式大致包括 AB 两种：

A 种：折枝纹样的排列十分稀疏，散点明确，骨式清晰；纹样两两相错，排列整齐；相邻两行或两列纹样花头相向，同样的纹样隔行或隔列对齐。所构成的图案具有清新典雅、内蕴浓厚的风格。有的仅以折枝花作为装饰纹样，不同花头的折枝花，两两错开排列，花头相向（图 4.64）。有的在折枝花之间的空地上点缀一个很小的朵花或万字，使图案在严整中透出一些变化，这种图案在这批经皮中大量存在（图 2.143）。还有的是折枝花周围环绕几个万字，其题材一般是折枝桃和石榴，多个卍字用于增强纹样的吉祥寓意。

B 种：折枝类纹样的排列比较密集，多散点分布，骨式远不如 A 种明确。这种组织的图案一般由折枝花和杂宝纹样构成，折枝花的力度感明显不如 A 种图案，其枝条更显柔性，类似于小团花。

（3）其他题材的散点排列

除团纹与折枝花外，还有其他许多题材的单位纹也采用散点式组织形式。单位纹的构成特点不同，图案的组织形式也有所差别。据此，我们可以把除团纹和折枝花以外的题材的组织形式分成 A、B、C 三种类型。

A 类，单位纹由一个纹样构成。这样的散点式四方连续图案，单位纹的排列形式有两种，一种是以米字为骨骼，单位纹纵向和横向均错开排列，属于这种组织形式的题材主要有八角灯笼纹（图 2.149）、寿字纹（图 2.135）、如意朵云纹（图 2.106）、胡椒眼纹（图 2.168）等。另一种排列形式是单位纹横向（即沿纬线方向）错开排列，相关题材有凤纹（图 2.83）、龙纹和造型很小的朵云纹。这种组织形式的纹样严整规矩，稍嫌呆板。

B 类，单位纹由一个主花纹样和其他小纹样构成，主花横向和纵向均错开排列，小纹样环绕主花分布或穿插于主花之间的空地上。主要有四合如意朵云杂宝纹、灵芝寿字纹（图 2.138）。此外，还有四合如意朵云灵芝、朵梅蜜蜂纹。

C 类，单位纹由两个主花纹样和其他小型纹样构成，主纹的大小差别不大，其组织形式也可分成两种情况。

第一种，主花按米字骨骼排列，小纹样穿插于主花之间。属于这种组织形式的图案，可按主花的特点分成三种情况：一，题材相同但造型不同的主花两两相错排列，如八音飞鹤纹（图 2.48）、奔兔杂宝纹（图 2.97）。这样的图案于整齐中透出变化。二，造型相同的主花在错落排列中方向发生转换。如灵芝杂宝纹（图2.58）、火焰云杂宝纹、折枝花绵羊童子纹（图2.148）。三，题材和造型完全不同的主花错落排列。不同的纹样纵向或横向两两相错排列，同一纹样纵向和横向都重复连续。纵向排列的题材有八角形灯笼与椭圆形灯笼共同组成的纹样（图2.150）、平安大吉葫芦纹（图2.47）、牡丹永安瓶纹（图2.154），横向排列的题材有万寿平安灯笼纹（图2.146）。平安大吉葫芦纹与万寿平安灯笼纹有点特殊，即纹样由器物和文字共同构成，器物纹相同，但文字不同。在此，我们暂将其作为不同的纹样中特殊例子对待。

第二种，主花按井字骨骼排列，小纹样填入主花之间的空地上，如朵云飞鹤纹、葫芦形灯笼折枝花纹（图2.152）。这种组织形式的图案较少。

D类，单位纹由多个纹样构成，主纹与辅纹的大小相近。主纹一般为相同题材造型，有别的纹样，也有不同题材的情况。主纹与辅纹相互穿插排列，有的间以小纹样。题材包括火焰云升降龙（图2.64）、四合如意朵云灵芝纹、朵梅蜜蜂纹、凤鹤纹（图2.81）等。

3．连缀式排列

连缀式排列属于满地花纹，构图特点是以柔性题材纹样的线条，绵延连续如网布满整个构图。根据题材的差异，我们可以把这批经皮子图案的连缀式排列构图分成缠枝花式、串枝花式和波状延续。

（1）缠枝花式

缠枝花式是连缀排列中最主要的纹样组织形式。它是以花卉的主茎线作为构图的骨骼，主茎线一般绕过饱满的花头，接近于全圆，相邻花头多呈交切圆式。

属于这种构图的题材主要是缠枝花卉。缠枝花卉中最常见的是莲花，其次是牡丹、菊花、芙蓉花、宝相花以及上述两种或三种花卉组合的题材，花的主茎线一般苍劲有力，富有弹性感，主茎线上满饰花叶，叶片以侧面观为主，间以正面观的写实叶片，花头硕大，排列一般比较紧凑，整个图案给人以婉转流畅、富丽绚烂的感觉。

除了花卉，采取缠枝花式构图的题材还有葫芦、松竹梅、平安竹等。缠枝葫芦纹的主茎线呈波状延续，环绕葫芦几乎呈正圆，主茎上装饰写实的叶片、葫芦须以及五瓣花，图案的骨骼较缠枝花清晰（图2.46）。松竹梅、平安竹题材的缠枝花式构图与缠枝花卉、缠枝葫芦等题材有所不同，即主茎仅环绕部分主花，其他主花为串枝式。松竹梅图案的主茎线显得细弱而更富有柔性，主茎交替环绕朵梅，主茎上有规律地装饰成组的竹叶、松针纹，图案细密精致（图2.59）。平安竹纹的主茎仅向一个方向环绕梅花，竹叶和其他朵花串联于主茎之上，构图疏朗别致，整齐有序（图2.61）。

（2）串枝花式

串枝花式连缀有时被纳入广义的缠枝花式，它是用花的主茎串连主花而不环绕主花的纹样组织形式，与缠枝花类似但不相同。在这批经皮子的图案中，串枝花的使用频率远远不及缠枝花，所见者一般与几何地纹构成组合纹样。

（3）波状连缀

波状连缀就是以波状线构成装饰图案的骨式，波状线横向、纵向或斜向连续，富于动感和韵律变化。以波状连缀组织纹样的题材包括连云纹、流云纹、水纹。连云纹是块状构图，通过云尾前后相连实现纹样的重复和延续，一般形成清晰的斜向波状连缀（图 2.99）。流云纹为线形构图，与颇有气势的连云纹相比，显得小巧细致，一般形成纵向的波状延续（图 2.114）。水纹模仿水波纹形成连续不断的图案，既有流畅自如的波状线条（图 2.117）；也有比较图案化的连弧形线条。此外，所谓的鱼鳞纹也属于波形连缀式构图，它的特点是规则的弧形呈横向连续，或为双弧线，或为单弧线（图 2.166）。

4．结合式四方连续

结合式四方连续就是两种四方连续的组织方法组合使用的组织方式。这批经皮图案的结合式四方连续表现为散点式与连缀式的组合使用，涉及的题材也比较宽泛。基本是主纹采用散点式排列，辅纹为缠枝式或波形连缀式排列。散点排列多为规则散点，主纹纵向或横向两两相错。结合式四方连续的具体表现形式主要包括以下两种：

（1）散点式与波形连缀的结合　在这种图案组织形式中，根据题材的不同，又可分为三种情况（三种情况的排列顺序也代表了由高而低的出现频率）：其一，主纹为团龙、升降龙纹和大朵灵芝纹等，辅纹为斜向波状延续的连云纹。不同题材的主题纹样，在具体排列上又有不同的特点。主纹为团龙时，团龙的排列与前述团纹类散点相同。主纹为灵芝纹时，灵芝纹除纵向错开排列外，两两相错的灵芝方向相反，图案风格规则中透出活泼。主纹为升降龙时，一升一降的两条龙纹两两相错，图案的动感十足（图 2.66）。其二，流云飞鹤或流云飞鹤折枝花纹。飞鹤或飞鹤与折枝花作散点排列，线形流云为背景纹样，描绘了一幅鹤在云中飞的美妙画面。其三，落花流水纹。这种纹样以左右连续、上下重复的波浪纹为背景纹样，以散点式的朵花为主纹，把连续纹样与散点纹样有机地组合起来（图 2.117）。

（2）散点式与缠枝式连缀的结合　在这种组织形式中，缠枝式连缀主要采用的是上述主茎线上生花、主茎环绕主花的结构形式，包括龙凤穿花、凤穿花、团龙凤缠枝花、缠枝花朵花等主要题材，团龙凤串枝花题材仅有 1 件。如墨绿地龙凤穿花卉织金缎经皮。缠枝花花头较小，主茎线清晰可辨，呈斜向波状延伸，或半环绕花头，或环绕花头几近全圆，飞凤与飞龙两两相错排列有致。

还有一种缠枝式连缀可称之为“断续式缠枝连缀”。笔者曾查阅了一些相关资料，均缺乏对相关形式的具体分析。所以，我们有必要明确一个概念，即断续式缠枝连缀，它是指缠枝花的主茎没有贯通整个图案，而是两两斜向相连，进而构成“实断意连”的断续延续形式。所涉及的题材包括团凤缠枝花和团龙凤缠枝花等，其中，团凤、团龙凤为散点式，缠枝花为断续式缠枝连缀。团龙、团龙凤的散点仍属于团纹类散点的范畴。在这里，有必要提及缠枝花的连缀形式，可称之为“W”或“M”形连缀，即斜向相邻的两朵花的枝梗环绕如字母“W”或“M”。

5．重叠排列

重叠排列是由两种不同形式的纹样重叠而成的四方连续图案。两种纹样一个作地纹，一个作主纹。在这批经皮子中，重叠排列图案的地纹全部为几何纹样，主纹的题材较为多样。根据主纹与地纹组合的不同特点，重叠排列图案又可分为锦上添花式和锦地开光式。

（1）锦上添花式。锦上添花式是指在地纹上加饰其他纹样的多层次组织形式。属于这种图案组织的经皮子的地纹主要包括勾连万字纹、菱格万字纹和斗纹，此外，还有少量的工字形矩纹。主纹的纹样主要包括缠枝花、缠枝花团凤、折枝花、飞凤凰等，此外，还有少量的朵花、杂宝纹、八吉祥、婴戏莲、如意朵云升降龙等。主纹纹样的组织形式可分为三种：属于连缀延续的缠枝牡丹（图2.3）；属于散点式的折枝花、朵花、杂宝、八吉祥、婴戏莲、如意朵云升降龙等（图2.8）；属于结合式四方连续的缠枝花团凤纹。

（2）锦地开光式。锦地开光式就是在主花周围留出光洁空地，在空地中填饰主体花纹，空地以外，满饰密集的几何纹。在这批经皮子中，锦地开光式图案的出现频率远不及锦上添花式图案，而且主纹和地纹的种类也要少得多。锦地开光式图案的地纹以菱格万字纹为主，此外，还有少量的勾连万字纹、方棋纹、鱼鳞纹和锁纹；主纹的排列全部采用散点式，单位纹属于适合纹样，题材以团花状折枝莲为多见，此外，还有少量团状的动物图案，如蟠螭、团龙、和团凤，以及环状朵花纹（图2.25、2.158、2.161）。

参考文献

1. 回顾：《中国丝绸纹样史》，黑龙江美术出版社，1990年。
2. 陈娟娟：《中国织绣服饰论集》，紫禁城出版社，2005年。
3. 丁叙钧编著：《古玉艺术鉴赏》，上海科技教育出版社，2004年。
4. 吴山主编：《中国工艺美术大辞典》，江苏美术出版社，1988年。
5. 赵丰主编：《中国丝绸通史》苏州大学出版社，2005。
6. 班昆编绘：《中国传统图案大观》，人民美术出版社，2006年。
7. 包铭新：《中国历代染织织绣图案》，上海人美术出版社，1996年。
8. 郑军等编著：《现代图案设计》，金盾出版社，2006年。

明代大藏经丝绸裱封的织物种类

王淑珍　　刘远洋

北京艺术博物馆馆藏丝织品3000余件，以明清两代宫廷用品见优，既有服饰、帐帘、椅垫等实用品，又有绣画、壁挂等观赏品，其中明清两代各朝皇帝的龙袍独成系列。明代大藏经丝绸裱封（俗称经皮）在北京艺术博物馆藏有2340件，占馆藏丝织品的三分之二，质地几乎囊括明代所有品种，是研究明代丝绸的珍贵实物资料。

明代丝织品绝大部分使用织机进行生产，现代梭织物所谓的平纹、斜纹与缎纹三种基本组织在当时均已具备，分别被称为绢、绫（或绸）、缎；又有附加绞经装置所生产的纱、罗织物，以及使用起绒杆织造生产的绒织物。明朝锦的品种除汉至三国时已有的蜀锦、宋代出现的苏州宋锦外，云锦在承继元朝著名的织金锦基础上逐渐发展，创新出加金“妆花”锦缎新品种，使云锦成为独具特色闻名天下的品种。

明代对于织物名称的定名与分类，并不完全以明确的织物组织分类，有些会根据外观来命名，如轻薄有孔的纱就有稀疏的“平纹纱”和“绞经纱”，两者的组织相异，但外观却相似。有些是按产地命名，如宁绸、潞绸、蜀锦等。

北京艺术博物馆所藏的明代大藏经丝绸经皮的定名是由原故宫博物院研究员陈娟娟、李英华按照传统方式来定名的，主要是根据经纬丝原料的配置、织物组织结构的设计等工艺综合条件划定品名，同时也考虑到色彩、纹样、纹理、产地、用途等，命名方法基本是按照地色、图案、工艺特征、品种大类的顺序来定。从品种大类分，主要有十大类，包括缎、绸、绢、罗、纱、锦、绫、刺绣、夹缬、织成;其中缎1103件，占经皮藏品总量的近一半；绸434件、绢4件、罗259件、纱292件、锦124件、绫115件、刺绣2件、夹缬1件、织成7件。（本文涉及的图片均见“叁·品种篇”部分）

一、缎类

缎是经纬线交织位置按一定规律分散，且有较长的经线或纬线浮于表面的织物。缎表面平整光亮，手感柔软，外观富丽。缎纹每一完全组织之经纬线数须在五根以上，由经数（即一个完全组织的经线数，其根数亦即织机装造上所需的综绕）、飞数（表示缎纹交织点的分布情况）两者表示（飞数与完全组织的经线根数不能有公约数，例如五枚缎的飞数是二、三，八枚缎的飞数是三、五等）。缎纹组织是在斜纹组织的基础上发展起来的。缎纹是起源最迟的一种织物组织。我国缎织物出现于辽、宋之际。明代的缎织物，一般以五枚缎为多，明朝末年出现了八枚缎，缎面比五枚缎更光洁。到清初，八枚缎成为最流行的品种。

北京艺术博物馆馆藏经皮中缎类有9个品种，分别是暗花缎、闪缎、两色缎、织金缎、纻丝、妆花缎、织金妆花缎、素缎、印金缎。影响缎纹组织外观特点除织造工艺的不同外，主要还有经纬线的捻度、捻向、密度及直径。丝线的捻度越强，会使织物光泽减弱，并且捻度使丝线变硬，引起织物手感较硬。因此，经面缎纹织物纬丝一般不加捻，以增强缎面的柔软性，有特殊要求时可采用弱捻来制织，经向有时可加强捻。当采用加捻的经纬丝制织时，其经、纬丝线的捻向应相反，以使织成织物后的经、纬捻向一致，同时应与缎纹组织的斜向一致，以使织物表面光泽良好。经、纬线的密度，对缎纹织物的外观有很大影响，当制织经面缎纹织物时，经线密度愈大，其覆盖性越好，织物表面愈富有光泽；同样，当制织纬面缎纹织物时，加大纬线密度效果也好。丝线直径越大，织物相对越厚重，直径越小，则织物相对轻薄。缎纹织物的浮长线较长，因此坚牢度比平纹、斜纹差，但织物表面光滑，光泽好，质地柔软。在原组织中缎纹组织最能显示丝绸的优点。

（一）暗花缎

暗花是本色单重提花织物，发展至清代，暗花缎又称为库缎。按花纹由经起花还是纬起花而分亮花与暗花两种。在经面缎地上织出与地色相同的纬面缎纹的，称为暗花；在纬面缎地或纬向斜纹地上织出与地色相同的经面缎花纹的，称为亮花。明代的暗花缎主要为经面缎地上起纬面缎花。

馆藏暗花缎经皮有252件，占缎类经皮的近五分之一，其中五枚二飞暗花缎、五枚三飞暗花缎约各占一半。五枚二飞暗花缎在密度较大时，经浮长呈S斜向，五枚三飞暗花缎在密度较大时，经浮长呈Z斜向。馆藏的暗花缎经皮中，由于丝线的捻向、经纬线单双股的数量不同，而呈现出多种不同的感观效果。

1．五枚二飞暗花缎

在五枚二飞暗花缎中，以经线强捻，纬线无捻，纬线双股并用的品种最多。其次是经线弱捻，纬线无捻，纬线双股并用的五枚二飞暗花缎品种较多。这两种暗花缎由于纬线无捻且双股并用，因而形成了质地厚实、柔软的效果（图3.1、3.2）。

馆藏的暗花缎经皮中，有一件织物组织很特殊，经线是由两股S向弱捻丝线再Z向弱捻组成一股较粗的丝线；纬线三股并用。这件暗花缎经皮的花地效果非常清晰，并且有立体感（图3.3）。

五枚二飞暗花缎除以上三种组织结构外，还有5种形式，分别是：经线强捻，纬

线强捻，纬线双股并用。经线强捻，纬线弱捻，纬线双股并用。经线弱捻，纬线强捻，纬线双股并用。经线强捻，纬线无捻。经线弱捻，纬线无捻（图 3.4–3.8）。

2．五枚三飞暗花缎

馆藏经皮的五枚三飞暗花缎中，以经线强捻，纬线强捻，纬线双股并用的品种最多。其次是经线强捻，纬线无捻，纬线双股并用的品种较多（图 3.9、3.10）。在馆藏五枚三飞暗花缎中，仅有一件品种是经线强捻，纬线弱捻，纬线三股并用（图 3.11）。除以上三个品种外，还有其他的八类五枚三飞暗花缎品种（图 3.12–3.19）。

（二）闪缎

闪缎是两色单重提花缎织物。经丝与纬丝常采用不同的对比色配置。闪缎由于在经面缎组织的地上显出与地色强烈对比的纬面缎花，故从不同角度看时，缎面有闪色变化的效果，于素雅中见富丽。通常闪缎起花部分有两种组织结构形式，分别是 2/8（同一纬线上 2 根经线在上 8 根经线在下）Z 向或 S 向斜纹花，五枚三飞纬面缎纹花。馆藏闪缎经皮有 28 件，占缎类经皮的五分之一多，其中五枚二飞闪缎、五枚三飞闪缎约各占一半。

1．五枚二飞闪缎

馆藏的五枚二飞闪缎，从丝线的捻度来分主要有两个品种，分别是经丝强捻，纬丝无捻，几乎都是这类品种。另外一类是，经丝弱捻，纬丝无捻，这类闪缎是极个别的品种。从起花的组织结构看，有五枚二飞纬面缎和 2/8S 向斜纹花（图 3.20、3.21）。

2．五枚三飞闪缎

馆藏的五枚三飞闪缎，从丝线的捻度来分有四个品种，分别是经丝强捻，纬丝强捻，纬丝双股并用，这类品种最多。另外三类是，经丝强捻，纬丝弱捻，纬丝双股并用；经丝弱捻，纬丝弱捻，纬丝双股并用；经丝强捻，纬丝无捻。这三类闪缎是极个别的品种。从起花的组织结构看，有五枚三飞纬面缎和 2/8Z 向斜纹花。对于纬线强捻、双股并用的组织结构，有一半在纬丝里加入了棉线（图 3.22–3.25）。

（三）两色缎

两色缎是纬二重提花缎织物。地纬与经同色，用来织经面缎地纹或纬面缎花的地纹，纹纬另一色，并粗于地纬二三倍。起花时与每隔 1 或 4 根经丝交织成缎纹或平纹组织的纬花，不起花时沉于织物背面或抛线。两色缎的花纹醒目、爽朗明快。花缎多作夹服、被面、幔帐、垫料等用。馆藏两色缎经皮 481 件，是缎类织物中最多的品种，其中五枚二飞两色缎稍多于五枚三飞两色缎。

两色缎的经线几乎都是单股强捻，有的经线很细时弱捻一些。由于两色缎地组织的纬线藏于经线和纬花的下面，所以地纬的捻度、根数对两色缎的视觉效果影响不大，只是厚薄不一样。馆藏的两色缎经皮的地纬多数为较粗的单股强捻纬线，也有少数双股弱捻纬线并用的。下面分别介绍。

1．五枚二飞两色缎

五枚二飞两色缎品种最多的是经线强捻，地纬强捻（少数弱捻，双股或三股并用，不影响视觉效果），纹纬无捻。少数经线强捻，地纬强捻，纹纬由弱捻的两股或三股丝线组成。经线弱捻，纬线弱捻，纹纬无捻（图 3.26—3.30）。

2．五枚三飞两色缎

五枚三飞两色缎品种最多的是经线强捻，地纬强捻（少数弱捻双股或三股并用，不影响视觉效果），纹纬无捻。少数有经线强捻，纬线强捻（或双股并用），纹纬由弱捻的两股或三股丝线组成。经线强捻，纬线强捻，纬线双股并用，纹纬弱捻（图 3.31—3.33）。

（四）织金缎

明代织金缎是在五枚经面缎地上用片金线织出富丽豪华的金花。花纹常见两种类型：一种是在洁净的缎地上或经彩条缎地上起金花；另一种是在满地金上，用地部的缎组织勾画出花纹的外轮廓线而显现出暗花。两类花型都要求花满地紧，充分体现显金效果。

馆藏的经皮中，除三件是在暗花缎地上起金花外，其他都是在洁净的缎地上起金花，总计 275 件，其中五枚二飞织金缎比五枚三飞织金缎略少些。织金缎的经线都是强捻，纬线也强捻，纬线多为单股或双股并用，也有少量织金缎的纬线是三股或四股并用的。织金缎的金线多为片金线，极个别是捻金线。

1．五枚二飞织金缎

馆藏的五枚二飞织金缎，从视觉效果来分主要有两个品种，经丝强捻，纬丝弱捻或无捻，纬丝单股或多股并用，这类品种最多。另外一个品种很少，是暗花缎地上起金花（图 3.34、3.35）。

2．五枚三飞织金缎

馆藏的五枚三飞织金缎的品种，有经丝强捻，纬丝无捻或弱捻，纬丝单股或多股并用这类品种最多；经丝强捻，纬丝强捻，纬丝多股并用，这类品种较少。另外还有少量暗花缎地上起金花，捻金线织文字织金缎（图 3.36—3.40）。

（五）纻丝

明代的纻丝组织结构与织金缎基本相同，但较粗糙。有时花纹边界不太齐整，仔细观看似属丝麻混合纤维所织。以片金显花，花纹多为方形或长方形小龙凤纹。纻丝在明代多作佛堂铺陈及包袱用料。馆藏纻丝经皮有 5 件，都是五枚二飞缎地，有龙纹和凤纹（图 3.41、3.42）。

（六）妆花缎

明代妆花缎是在五枚经面缎地上，用多种颜色的小管梭挖织成五彩缤纷的绒花。织花的小管梭每隔一二根长梭地纬挖织一次。织时，根据纹样在所需位置内过管。织完一色，可将小管梭上缠绕的彩绒掐断，等再用此色时再织。若织别色，可随时另换别色小管。如邻近有同色花纹，亦可跳过它色将彩绒连过去织，跳过的地方背后就留有不交织的彩绒浮纬。这就是“挖花”的挖织方法。明代妆花缎除织造一般的匹料之外，还有大量的服装织成匹料及垫子织成匹料，是按衣服或座垫成品裁片设计花样，排成匹幅，挑制花本上机织造，大多供官府或宫廷所用。

馆藏妆花缎经皮 12 件，多为经线强捻、地纬弱捻、地纬多股并用的组织结构。（图 3.43）

（七）织金妆花缎

明代的织金妆花缎是在妆花缎的组织上，加捻金线和片金线织出主花或吉祥文字。也有的用片金铺地或织花纹的勾边线。捻金线常用挖花织法，片金线用通梭。织金妆花缎富丽豪华、金碧辉煌，多作宫廷冠服织成料及室内铺陈品的用料。

我馆收藏织金妆花缎经皮 41 件，五枚二飞缎地组织多于五枚三飞缎地组织。织金妆花缎的经线多为强捻，纬线单股弱捻或强捻，也有双股、三股并用的（图 3.44–3.47）。

（八）素缎

素缎是指不提花的单层缎纹丝织物，一般是经面缎才有缎的光泽效果。各种素缎之间的主要区别在于组织循环的大小。

馆藏 3 件素缎经皮，有香色、大红、明黄。均为五枚缎，有三飞也有二飞（图 3.48、3.49）。

（九）印金缎

印金缎是指在素缎上印有金色花纹的织物，元代使用较多。馆藏经皮中只有一件印金缎（图 3.50）。

以上是北京艺术博物馆馆藏经皮中的九类缎织物。从我们查阅的相关资料看，明代缎织物种类中，还有装金缎和遍地金孔雀羽妆花缎。装金缎，清代称为装金库缎，装金缎在明代所见不多，但到清代极为流行。装金缎是在暗花缎的基础上，将主花的重点部位如花心或装饰性吉祥文字等处以捻金线用挖梭织出，这就使大面积的暗花中显露出少量金花，于素雅中见华贵，美而不俗。多作衣料、被面、幔帐、垫子、包袱等用。遍地金孔雀羽妆花缎，组织结构与织金妆花缎相同，但在织彩花的部分全用片金线织地纹，主体花纹如龙凤等用孔雀羽线挖花。孔雀羽线是用孔雀尾翎上飞散着的羽绒一根根地接续，并与直径0.1毫米的棕色单股丝并合，再以绿色丝绒线捆扎而成，制作极为精细。遍地金孔雀羽妆花缎的织成品，金翠辉煌，豪华珍贵，是帝后王公们织成袍料中的极品。或许使用动物的羽毛与佛教教义相悖，因此没有在经皮中出现这类品种。

二、绸类

绸在清代早期还是写做紬，但到清代后期就时而写为绸。《诸物源流》中的绸类时而写做紬，时而写做绸。由此可见，两字已基本可以互换。明代的织绸盛行，产生了一些具有地方特色的品种而冠以产地为名。明代绸类以宁绸、潞绸、两色绸、织金绸、织金绵绸最著名。明代的绸多以斜纹作地组织，与现代纺织界对绸的概念不同，这是由明代留传下来的有黄条墨书签封的绸类实物证明的。

北京艺术博物馆馆藏经皮中绸类有5个品种，分别是潞绸、织金绸、两色绸、暗花绸、素小绸。除以地域命名的潞绸外，其他绸类地组织多为经纬线强捻，2/1斜纹或3/1斜纹组织结构。

（一）潞绸

明代潞绸产于山西潞安州（今山西长治），其原材料则是由川蜀地区盛产桑蚕丝的阆中供给。当时阆中的阆茧产量大，质量高，由当地蚕户缫出的“水丝”，丝细而光润，运销全国。潞绸有纹地同色和纹地异色两种。质地均匀密致，细薄挺括，花纹秀丽。纹地异色者有闪色感，多作衣服用料。

馆藏潞绸经皮236件，有暗花绸、两色绸、五枚三飞缎三个品种（图3.51–3.53）。

（二）织金绸

明代织金绸的经丝分为地经和特经两组，纬丝分为地纬和纹纬两组；地经与地纬同色，纹纬为片金线。织造时，片金线只与特经交织成花纹，不与地经相交，故显金效果突出。不起花时，片金线沉于织物背面。为了避免使沉在织物背面的片金线浮得过长而影响使用，故织金绸的纹样都很紧凑。织金绸常作衣服织成匹料、佛幡、垫子及各种边饰之用。

馆藏织金绸经皮一件（图3.54）。

（三）两色绸

明代两色绸为花、地异色的熟丝提花织物。花纹含蓄，有闪色感，质地比宁绸、潞绸细薄柔软，多作衣服用料。

馆藏两色绸经皮 103 件，结构组织有三种类型。

经线强捻，纬线弱捻，单重提花织物（图 3.55）。

经线强捻，双股并用，纬线弱捻，双股并用，单重提花织物（图 3.56）。

经线强捻，双股并用，纬线无捻，纬线花地两色，纬二重提花织物（图 3.57）。

（四）暗花绸

暗花绸为花地同色的单重提花织物。按组织结构不同暗花绸分为七个品种，分别介绍如下：

经线强捻，纬线无捻，地组织多为 2/1 斜纹，纹组织 1/5 斜纹。这类暗花绸品种最多。（图 3.58）

经线无捻或弱捻，纬线无捻，地组织 2/1 斜纹，纹组织 1/2 斜纹（图 3.59）。

经线强捻，纬线强捻，地组织 2/1 斜纹，纹组织 1/2 斜纹（图 3.60）。

经线强捻，纬线无捻，地组织为暗花织物，由 1/1 穿一根纬线及 1/1 穿三根纬线组成暗花地；纹组织为纬二重同色提花织物，1/8Z 斜纹（图 3.61）。

经线强捻，纬线弱捻，纬线双股并用，地组织 3/2 斜纹，纹组织 2/8 斜纹（图 3.62）。

经线强捻，纬线无捻，地组织 3/2 斜纹，纹组织 2/8 斜纹（图 3.63）。

经线强捻，纬线无捻，地组织 2/2，纹组织 1/8 斜纹，地纬、纹纬同色，纬二重提花织物（图 3.64）。

（五）素小绸

素小绸是指不提花的绸类丝织物（图 3.65、3.66）。

三、绢类

绢类织物，是对平纹类丝织物的通称，其最早的称呼是“帛”，汉代时开始“缯帛”并用，许慎《说文》中说“缯，帛也”；又说“帛，缯也”，两者互注。约在魏唐之际，绢才成为一般平纹类织物的通称。绢按其粗细、生熟、花素的不同，分别称为细绢、粗绢、生绢、熟绢及彩绢等。我馆绢类经皮 7 件，皆为熟织粗绢。

（一）暗花绢

暗花绢是指花地同色的平纹类织物。我馆暗花绢仅 1 件（图 3.67）。

（二）素绢

素绢是指不提花的平纹类织物（图 3.68）。

四、罗类

现代织物组织学所谓的纱、罗，均指平行纬丝与扭绞经丝所组织的织物而言。凡每织入一根纬丝地经与绞经即绞扭一次的，通称为纱；凡织入数根奇数纬丝后绞扭一次的，称为罗。最初的罗作为鸟罟解，即捕鸟的网。《说文》曰："罗，以丝罟鸟也。"《诗经·王风·免爰》："雉离于罗。"即是指罗的本意而言。可见其经纬线是绞结的，孔眼疏朗。绞纱组织至迟在战国时已经出现了，到汉代就十分流行，罗也就演变为绞纱织物的名称。《释名》曰："罗，文疏罗也。"《类篇》曰："罗，帛也。"但到明代主要是将带有横向空路的织物称为罗，如《天工开物》记载中的罗，实际上是横罗的织法。明代罗的基本组织是以甲、乙、丙、丁四种经丝，在每一奇数纬丝处作甲乙、丙丁二经绞扭，另在每偶数纬丝处作甲乙丙丁四经绞扭，形成横条罗纹的地组织，再用纹纬织出花纹。罗的表面有横条纹，手感挺括，厚度适中。

北京艺术博物馆馆藏经皮中罗类有五个品种，分别是暗花罗、两色罗、织金罗、妆花罗、织金妆花罗、假织罗。

（一）暗花罗

暗花罗的地纬与纹纬及经丝色彩相同。 馆藏罗类经皮中，暗花罗 57 件，根据用线的捻度、根数、起花部位的差异，馆藏暗花罗有八种不同的效果。

经线强捻，纬线无捻或弱捻，纹纬无捻，这类品种最多（图 3.69、3.70）。

经线强捻，纬线强捻，纹纬有两根，一粗一细，弱捻，间隔织入（图 3.71）。

经线强捻，纬线强捻，纹纬弱捻双股并用，织出两种效果的暗花罗，一种是纹纬织地组织（图 3.72）。另一种是纹纬织花组织（图 3.73）。

经线强捻，纬线强捻，纹纬无捻。（图 3.74）

经线强捻，纬线强捻，纬线单股或多股并用，纹纬弱捻双股并用（图 3.75）。

经线强捻，纬线无捻或弱捻，纹纬弱捻双股并用（图 3.76）。

经线强捻，纬线强捻，纹纬无捻或弱捻（图 3.77）。

经线弱捻，纬线强捻双股并用，纹纬无捻或弱捻（图 3.78）。

（二）两色罗

明代两色罗与暗花罗组织相同。两色罗的地纬与纹纬颜色不同，经丝颜色与地纬相同。馆藏罗类经皮中，两色罗最多，138 件。根据用线的捻度、根数不同，两色罗有四个品种。

最多的一种为经线强捻，纬线强捻或弱捻，多股并用，纹纬无捻（图 3.79、3.80）。

经线强捻，纬线无捻，纹纬无捻（图 3.81）。

经线强捻，纬线强捻，纬线二股或三股并用，纹纬弱捻双股并用（图 3.82）。

经线弱捻，纬线弱捻，纹纬无捻（图 3.83）。

（三）织金罗

明代织金罗的组织与两色罗相同，不同的仅是用金线作纹纬。

馆藏织金罗经皮 36 件，根据金线的不同，分为片金线织金罗、捻金线织金罗。织金罗多数为经线强捻，纬线强捻或弱捻，纬线多股并用（图 3.84、3.85）。

（四）妆花罗

明代妆花罗基本组织与两色罗相同，只是增加了挖梭彩纬而使纹彩更为艳丽。

我馆馆藏妆花罗经皮 2 件，均为经线强捻，纬线弱捻多股并用，彩纬弱捻双股并用，或彩纬无捻。(图 3.86)

（五）织金妆花罗

织金妆花罗是在妆花罗的纹部组织中加入片金线。

馆藏织金妆花罗经皮 12 件，金线均为织纹饰的边缘（图 3.87）。

（六）假织罗

明代除二、四经绞织罗外，还有经丝不相绞、而靠组织变化，使织物表面显出长浮纬横条罗纹的假织罗。

馆藏经皮中，暗花假织罗 1 件，两色假织罗两件。

暗花假织罗。(图 3.88) 两色假织罗（图 3.89）。

以上为提花罗品种，另外馆藏经皮中还有 12 件素罗经皮，均为四经绞罗（图 3.90）。

五、纱类

在距今大约 7000 年的西安半坡出土的陶器上，发现有当时编织物的印痕，这是陶坯烧窑前放置在编织物上而留下的印痕，其中就有单经绞纱、双经绞纱等各种编织方法。明代纱地有方目纱和绞纱。方目纱的经线、纬线各自平行而不相绞，经线穿筘时，有规律地故意留出均匀的空间，织后能自然露出方形纱孔，属于平纹假纱组织。绞纱的经线相互绞织，纱孔成菱形。

纱在现代织物学中，是指每织入 1 梭纬丝后，纹经与地经即相绞一次的织物，织物表面具有均匀的绞纱孔，稀薄而有透凉感。织制这种绞纱须用扭绞经丝的特种综——半综。半综又有上半综、下半综、中口半综三类。装造比一般织机繁复，故属于“复杂组织”。但从织物发展的历史看来，绞纱组织又是一种十分原始的织物，我国早在原始社会母系氏族公社时期，就能用手工编织的方法编制一绞一的麻、葛类织物。商周时期，丝质的纱罗织物是奴隶主阶级重要的衣服用品。

明代帝、后、皇太子等礼服都用纱作中单（内衣）。明代提花纱有两种地组织，一种是经丝不相互纠绞的平纹假纱（方目纱），在二经与二经之间空出一个筘距的间隙，纬与纬之间也留出一定的空距，织造时随织随上胶，以固定空出来的空隙，从而使织物表面呈现出均匀透明的方孔纱眼来。另一种是让两根相邻的经丝每隔一根地纬就左右相绞一次，使之形成网眼状纱孔，这是绞纱，清代称它为“直径纱”。

明代的提花纱，有单层本色组织变化的暗花纱、单经重纬的花纱（两色纱）、织金纱、捻金纱以及用挖花方法织成多彩显花的妆花纱、加金妆花纱、遍地金妆花纱等。北京艺术博物馆馆藏经皮中，除遍地金妆花纱品种没有外，其他种类的纱地经皮均有收藏。

（一）暗花纱

明代暗花纱经纬各一组，同色，经纬丝均不加捻。有三种组织，一是平纹假纱地以绞纱组织显花；二是平纹假纱地以斜纹组织显花；三是绞纱组织地以假纱组织显花。暗花纱质薄透明，轻盈爽朗，多作夏季服装、窗帘、窗纱、隔扇心、帐幔等用。

馆藏暗花纱经皮有 15 件，以绞纱组织为地假纱组织显花品种最多（图 3.91）。

平纹假纱地以绞纱组织、斜纹组织同时显花品种有一件（图 3.92）。

假纱组织为地，斜纹显花的品种较多（图 3.93）。

平纹假纱地以绞纱组织显花品种较少（图 3.94）。

（二）两色纱

明代两色纱，纬丝采用二组，一组地纬与经丝同色，一组纹纬与经丝异色。纬丝无捻或单股加捻后 3–4 股合用；经丝无捻。地组织由地纬与经丝交织成平纹假纱组织。纹纬每隔一两梭地纬织 1 次，与经丝交织成纬向斜纹花。正面不起花时，纹纬浮于织物背面成为长抛线。在织造过程中，为避免背面浮抛线过多，故常按成品款式，只在一些主要装饰部位用纹纬织花；其他部位均留素纱地或暗花纱地。织普通花纱匹料时，多用长跑梭织花，花满地少，花纹单位较小。

馆藏两色纱经皮 107 件，一般都是经线无捻，地纬无捻的两色纱（图 3.95）。

（三）织金纱

明代织金纱又称片金纱或金薄纱。其组织与两色纱基本相同，只是用片金线代替绒丝纬来织花。透明的纱地上金花闪耀，别具高贵优雅之美。织金纱多作衣服织成料和制作幔帷、佛幡及夏季室内陈设。

馆藏纱类经皮中，织金纱品种最多，141 件。多数为经线无捻，地纬无捻的织金纱（图 3.96）。

少量织金纱为经线无捻，地纬弱捻，地纬多股并用（图 3.97）。

（四）捻金纱

常见的明代捻金纱，是在绞纱组织地起本色平纹假纱组织的暗花纱上，用捻金线以“挖花”技术织出文字或纹样的主要部位，使捻金花与暗花交相辉映。经纬丝一般无捻。地组织是绞纱组织；纹组织是以平纹假纱组织起捻金暗花。捻金纱多作夏服织成料和制作幔帷、仪仗等用（图 3.98）。

（五）妆花纱

常见的明代妆花纱，是以绞纱组织或假纱平纹组织为地，用挖花方法以无捻彩绒丝纹纬织出花纹。织时，每隔 1 梭地纬，挖织 1 梭彩绒丝纹纬，与经丝的奇数（或偶数）交织成表面为平纹（或斜纹）组织的花纹。妆花纱质薄透明，彩花突出，明代宫廷夏季服装多用妆花纱织成匹料制作。

我馆馆藏经皮中，妆花纱 21 件，经线无捻，以绞纱组织为地的妆花纱最多（图 3.99）。

（六）织金妆花纱

明代织金妆花纱多在南京织造。它常以平纹假纱组织或每隔一梭地纬与相邻的两根经线绞扭一次的绞纱组织为地，以挖花技术织捻金及彩色花纹。它与妆花纱不同之处是，除加织捻金花外，还要每隔 1—2 梭地纬加织一梭片金。片金专织花纹的主要部位，如花头、花芯等，也常作花纹的包边线用。片金和彩绒纬与经丝的偶数交织，表面组成平纹或纬斜纹显花；也有的与经丝的绞扭处交织成 2/6 右向斜纹。有的彩绒较粗，凸出于织物表面，具有刺绣的外观效果。织金妆花纱多作织成服装料。每匹可缝制一件衣服，并常在封签上记明产地、尺寸、工匠、织造年月。

馆藏织金妆花纱经皮有 16 件，全部是在妆花纱基础上加入片金线（图 3.100）。

以上为北京艺术博物馆藏纱类，在相关资料中，还有一种馆藏没有的纱，即特种妆花纱。它是一种以平纹假纱为地组织，以多组通梭纹纬与特经相交成表面平纹纬浮花；纹纬不起花时全部沉到织物背面，与特经交织成平纹里组织，从而形成表里中空的妆花纱。还有一种是特经不仅与表面起花的纹纬及背面不起花的纹纬相交织，而且还与地组织中的地纬相交织，这就不像前者那样有表里中空的现象；特经与地经之比多为 1∶2。这种织物质地厚实，不露纱孔，地色不很纯，有锦的外观效果，常作垫料或夹衣之用。

六、锦类

锦的出现，最初见于文献，是在西周末期。《诗经》中便有“萋兮斐兮，成是贝锦”的描述，而在《秦风》、《郑风》、《卫风》和《唐风》等篇章中，也多处见到锦衣、锦裳、锦衾等与锦有关的词语。出土实物表明，战国时期的织锦技术已有较高水平，到明代由于缎织物流行，锦的地位有被缎织物取代的趋势。明清织锦主要采用特结型的重组织，但花地组织的变化更多，平纹、斜纹、缎纹三种基本组织均任意采用，大多为经面地、纬面花，其中当地组织为缎组织时可以特称为织锦缎。从织纹组织上说，唐代以前的锦样都是经锦，即以经线显花的经二重织物，至中唐始有纬锦。从经锦到纬锦，改经线起花为纬线起花，乃是古代丝织工艺技术上的一项意义重大的变化。北京艺术博物馆馆藏经皮中的锦类全部系纬锦。

（一）宋锦

宋锦是宋代发展起来的织锦新品种，为中国三大名锦之一，因主要产地在苏州，故称“苏州宋锦”。宋锦的生产，宋代分布在苏州和成都，明代、清代及民国时期产地主要在苏州。明代宋锦因花色摹仿宋代丝绸的特点而得名，因而，明代之后的宋锦也叫宋式锦，然而，其织造工艺与宋代锦不同。明代锦用经斜纹或平纹地组织，以特经固结织物表面显花的纹纬和不起花沉于背面的纹纬，交织成平纹或纬斜纹，由长跑梭和分段换色的短跑梭配合织造。明代宋式锦可分为重锦、细锦、匣锦三类。馆藏经皮的宋式锦中，未发现重锦，只有细锦、匣锦。

1. 重锦，质地厚重、织作精细。重锦是明代宋式锦中最贵重的品种，用精染的蚕丝和片金线织造，在 1/2 斜纹地上由特经与长跑梭纹纬交织成 1/2 斜纹花。短跑梭在花纹主要部位作点缀而不连续分段换色。重锦用作织成垫子、陈设品及佛像画等。

2. 细锦，分段变换彩纬，质地适中。明代细锦组织与重锦近似，也用特经，但地经与特经的比例为 2∶1 或 3∶1，有时纹、地都用平织。以短跑梭织主体花，以长跑梭织花枝、花茎及包边线或嵌地小几何纹。细锦厚薄适中，便于服用。也作被面、帷幔、桌围织成料、椅披织成料等（图 3.101）。

3. 匣锦，也称小锦，质地稀松，花纹多小花及小几何纹。其织造工艺同细锦，但配置的色彩比细锦少，且较粗糙。匣锦主要以短跑梭显花，多织小型几何填花纹样，质地软薄，配色素雅。织后常在背面加涂浆糊，使之挺括。专供装裱书画囊匣之用。

馆藏经皮中，匣锦有六件（图 3.102）。

（二）双层锦

明代常见的双层锦多为表里互换的双层组织，是由两种以上不同色的经及纬，按经、纬同色或相近色的关系作 1∶1 排列，由同色或相近色的经纬，交织成正反两面花纹相同、花地颜色互换的双面显花织物。其结构多为平纹、斜纹两种。双层锦正反花纹同样清晰，可两面使用，厚薄适中，质地牢固，多作服装、幔帐、隔扇、围屏及装裱书画、匣套等用。

馆藏双层锦经皮 25 件，组织结构都为平纹，经线有强捻、弱捻、无捻三种，纬线都无捻（图 3.103）。

（三）棉锦

棉锦是丝、棉交织的织物。馆藏棉锦经皮63件，是锦类中最多的品种（图3.104）。

（四）织金锦

织金锦是特结型重组织，二组经丝与数组纬丝交织，纬丝显花，一组地经与地纬交织成地组织，另一组经丝为特结经，专门用作花纬的接结丝，包括花纬在正面时的间丝点和在反面时的背扣。织金锦则是在纬丝里加入了片金线。

馆藏织金锦类经皮 9 件（图 3.105、3.106）。

（五）织金妆花锦

织金妆花锦的组织结构与普通花锦织物相同，只是妆花时织金就作背浮，而一旦织金要显花时，彩纬就可挖断或亦作背浮（图 3.107）。

以上五类锦是北京艺术博物馆馆藏经皮的品种，在介绍明代锦的相关资料中，我们看到的还有蜀锦、云锦，这里也作一介绍。

明代蜀锦仍以四川成都为中心，代表性的品种有晕间锦和方方锦。其特点为经丝起彩条，纬丝分段换色，同时分段倒换组织结构，以显现各种条格填花的花纹。质地软薄，实用性强。

1. 晕间锦（又名栏杆纹锦）。经丝一般牵成彩条，纬丝只用一色。纬丝显花，花纹多小几何花。可作衣料等用。

2. 方方锦。方方锦经丝牵彩条，纬丝分段换色，一般形成30厘米左右的方形彩格，再按格变换纹、地的组织结构，使相邻的彩格花地互相颠倒，从而显现出明格与暗格相互衬托的外观效果。方方锦质地薄软，可作长服、被面、帐帷等用。

云锦产于南京，云锦的形成和发展原则是在元、明、清（特别是明朝为它成熟定型的重要时期）。云锦是库缎、库锦、妆花的总称，因色彩灿烂的锦纹有如天上的云霞，故名“云锦”。库缎是在缎地上利用经纬面组织互相衬托起花，可起本色花纹，也可起其他颜色花纹。如部分花纹用金线织出的就叫“装金库缎”。库锦是在缎纹的地上用金线或银线，或者兼用金银两种线而织出花纹的称库锦，饰有极少部分的花纹用彩色丝线织出的称彩花库锦。妆花是云锦中具有特色的品种之一，它是用各种不同彩色的纡子，在织物上用通经断纬的挖梭技术妆彩来获得的，主体花纹有深浅不同颜色、多层次的装饰，其纹样上下左右各单位的花样相同，但颜色不同。一个织物上配色可多达十多色乃至二、三十色。花色艳而不俗，繁而不乱。云锦中的“金宝地”是织金与妆花技巧相结合的精美而又富丽堂煌的代表品种，它是用捻金线（圆金线）织满地；在满地金上用各种彩色丝线织出层次多变五彩缤纷的各色花纹，彩色花纹又用片金线（扁金线）包边，有时在彩花之间，还穿插一些用片金和片银织的花纹，形成金彩交辉的华丽效果。云锦除用挖梭与织金技术外，在纹样上多以龙、凤、仙鹤、牡丹、莲花等瑞鸟祥禽、富贵花卉作主体，衬以各种自然变化的云纹，使整个图案浑成一体绚丽多姿。这一优良品种现在仍为蒙、藏各民族所喜爱，常用来装饰衣裙边缘及幅子等。

七、绫

绫的名称在汉代已出现了。《说文》和《方言》均曰：“东齐谓布帛之细者曰绫。”即绫是一种细致精好的织物。《释名》曰：“绫，凌也，其文望之如冰凌之理也。”冰凌之理指的是冰的纹理，而“冰”的古体写作“𡿨”，凌是结冰的意思。《风俗通》：“积冰曰凌。”故一般认为绫是以斜纹或变化斜纹为基础组织的丝织物。绫可以分为素绫和花绫两类。素绫一般通体为斜纹或斜纹变化组织，花绫是以斜纹为地的花织物。其组织主要有两种形式。一种为同单位异向绫，即由循环数相同但斜向不同的斜纹组织互为花地，多数为四枚斜纹。一种为异单位同向绫，即由循环数不同，但斜向一致的斜纹组织互为花地，一般为三枚斜纹地，六枚斜纹花。除这两种典型的绫组织外，斜纹地上以变则缎纹或不规则纬浮长显花的丝织物也可称为绫。

绫是先织后练染的织物，经纬丝一般不加捻或加弱捻。它的外观因浮长线的关系具有光亮耀眼的冰凌般的光泽。《正字通·系部》：“光如镜面有花卉状者曰绫。”说明了绫织物的这一特色。历史上称作绫的织物可能并不局限于斜纹组织，平纹地显花的绮，缎纹地显花的缎，先后也曾被称作绫。

明代花绫在斜纹地上起斜纹花，以无捻的生丝为经纬，织成后下机精练染色。质地细薄有光泽，手感滑爽，多作内衣裤、包袱用料。有的在背面涂刮浆糊，使之挺括，精者作刺绣底料，陋者作装裱书画、囊匣之用。

（一）暗花绫

明代的暗花绫是以无捻的丝线织制而成，以斜纹组织、斜纹变化组织或缎纹组织互为花地的织物。馆藏暗花绫经皮 112 件（图 3.108、3.109）。

（二）同向绫

对于标准斜纹来说，一般的变化有单位（枚数）、斜向、浮面（经面或纬面）的区别。同向绫是指花地斜向一致的绫（图 3.110）。

（三）异向绫

异向绫是指花地斜向不一致的绫（图 3.111）。

以上是北京艺术博物馆馆藏的绫品种。斜纹地织物的变化十分丰富，因此会出现许多特殊的绫，如山形斜纹、锯齿形斜纹组织。明代官补上发现用 4 枚破斜纹作地的补子。

八、刺绣

明代刺绣可分为以实用性绣品为主的北方绣和以欣赏性画绣为主的南方绣两大系统。北方绣比较著名的有洒线绣、衣线绣、缉线绣三种。南方绣以画绣为最出色，尤以顾绣最负盛名 。

北京艺术博物馆馆藏刺绣经皮 2 件，分别是盘金绣和纳锦绣。

盘金绣经皮的地组织是正反五枚三飞暗花缎，纹饰用盘金绣，金线 Z 捻，金色竹叶用无捻的白色丝线钉入 2 根一组的金线绣制而成（图 3.12）。

纳锦绣经皮的地组织是白色绞纱，经线弱捻，纬线无捻，纹饰由 9 种丝线绣制（图 3.113）。

九、夹缬

夹缬是将布帛夹紧于两块刻花完全对称的镂空版之间，而后放入染液中染色。因夹板的物理防染作用，即夹紧处织物无法受染，取出待晾干后解除夹板而显出花纹效果。夹缬一般都用套色，色彩比较丰富，花纹边界因受染液的渗润具有一种自然的晕色效果。据《中华古今注》载："隋大业中，制五色夹缬花罗裙，以赐宫人及百僚母妻。"可见隋代已出现了多色套染的夹缬印花工艺。夹缬这种工艺在唐宋时期也屡见记载，元明后虽有实物传世，但记载却是不多（图 3.114）。

十、织成

织成是指按照成品的最终形式设计图案并以织造生产完成。织成最早出现约在汉代，如《西京杂记》中记载汉宣帝有戚里织成。在《安禄山事迹》记载有"织成锦帘"，《说文解字 · 糸部》中"织而成之，不待剪裁之物"对织成有了解释。所谓"不待剪裁之物"，是指剪裁位置已固定化的，不必另行设计剪裁。

北京艺术博物馆馆藏织成经皮有 7 件。织物的组织结构有五枚二飞两色缎、五枚二飞闪缎和五枚二飞织金妆花缎（图 3.115–3.117）。

以上是北京艺术博物馆馆藏经皮中的十大类丝织品。从传世、出土的明代丝织品来看，馆藏经皮中没有绮、缂丝、丝布。明代的绮以平纹组织为地，斜纹变化组织显花，经纬均无捻，织后精练染色。绮的质地较柔软，细致平整，多作被褥之用。明代初年，缂丝仅用于缂制诰敕等小件制品，至宣德年间设内造司，才重新发展摹缂名人书画等大件作品。明代缂丝品种除书画、佛经经面等外，还缂织袍服、袜子、铺垫、帷幔、挂屏、椅披、桌围等。明代缂丝的特点是大量使用光泽华丽的金线和孔雀羽线等，而各色彩丝则常用极细的双股强捻丝。丝布有织金丝布和妆花丝布。明代织金丝布为丝、棉加片金线的交织物，质地厚实，纹样多大花大朵，地暗花明。织金丝布手感硬朗，多作幔帐、佛幡及边饰用。明代妆花丝布以无捻彩丝及丝与棉合股的经和纬，用三四把梭通梭织成几何地纹，以分段换彩的短跑梭织主体花纹。短跑梭不显花时浮于织物反面。妆花丝布厚重而较粗糙稀松。

参考文献

1. 黄能馥、陈娟娟，《中国丝绸科技艺术七千年》，中国纺织出版社，2002 年 12 月。
2. 陈娟娟，《中国织绣服饰论集》，紫禁城出版社，2005 年 6 月。
3. 赵丰，《中国丝绸艺术史》，文物出版社，2005 年 6 月。

贰·图案篇

2.1 茶绿地缠枝牡丹两色纱

纵：34.5cm，横：12.2cm

图案循环：经向 25cm

茶绿色地上织红色缠枝牡丹花。缠枝牡丹的主茎呈波状延续，粗壮而富有弹性；牡丹花的花朵呈正面观，花心由四个圆点表示，两重花瓣；叶片给人一种肥厚感。绿地红花形成强烈的对比，颇具视觉冲击力。

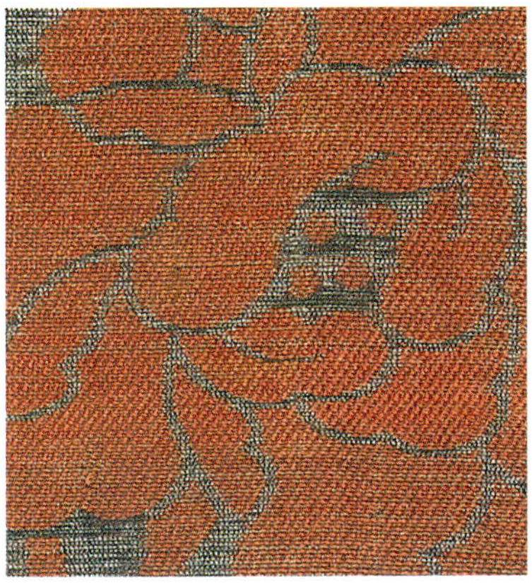

2.2 明黄地缠枝牡丹两色纱

纵：34.5cm，横：12cm

图案循环：经向 29cm

黄色地上织红色花纹。图案为缠枝花式，花的主茎线苍劲有力，富有弹性，主茎线上满饰花叶，花头硕大，排列一般比较紧凑，整个图案给人以婉转流畅、富丽绚烂的感觉。

2.3 虾青地缠枝牡丹双层锦

纵：33.3cm，横：12cm
图案循环：经向 20.8cm

虾青地上织灰白色缠枝牡丹花。牡丹花呈侧面观，花瓣繁复错落，花头饱满，叶片舒展自然。深色地配置浅色花，色彩层次分明，风格素雅、沉稳。

2.4 蓝地曲水牡丹纹锦

纵：34.5cm，横：12cm

图案循环：经向 11.2cm

蓝色地上织灰白色曲水纹和牡丹花。图案为锦上添花式，曲水纹勾连转折，中规中矩，侧面牡丹花饱满雍容。深色地配置浅色花，地纹与主纹的区分，进一步增强了图案的层次感，牡丹花十分突出。

2.5 绿地曲水缠枝牡丹纹两色绸

纵：33cm，横：11.8cm

图案循环：经向 13cm，纬向 6cm

柳绿地上织黄色花。图案以曲水纹为地纹，缠枝芙蓉纹为主花，主茎线环绕花朵接近正圆，相邻花朵以交切圆相连接，主茎上装饰掌形的叶片。纹样风格秀雅，色彩明快。

2.6 酱色地朵梅蜜蜂纹双层锦

纵：33cm，横：13cm

图案循环：纬向 16.2cm

酱色地上织蓝色朵梅蜜蜂纹，图案为散点式构图，梅花呈正面放射状，周围环绕着蜜蜂，静态的梅花与动态的蜜蜂相结合，亦静亦动，颇具美感。稳重的酱色地，纯净的天蓝色主纹，颇有一种清新之感。

2.7 大红地朵梅蜜蜂纹两色缎

纵：32cm，横：12cm

图案循环：经向 3.6cm，纬向 3cm

红色地上织蓝色纹样。图案中的梅花呈正面放射状的团花纹，与相似构图风格的蜜蜂两两相错，以井字骨骼做散点排列。红地蓝花，色彩对比强烈，纹样跳跃欲出。

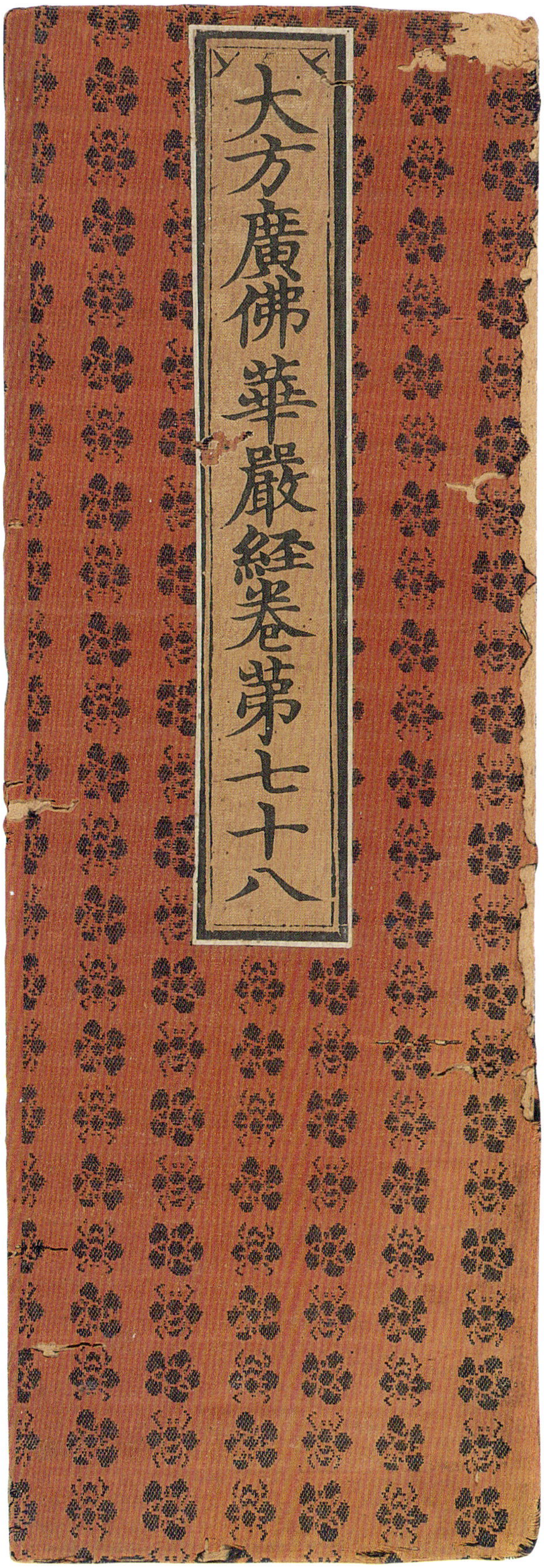

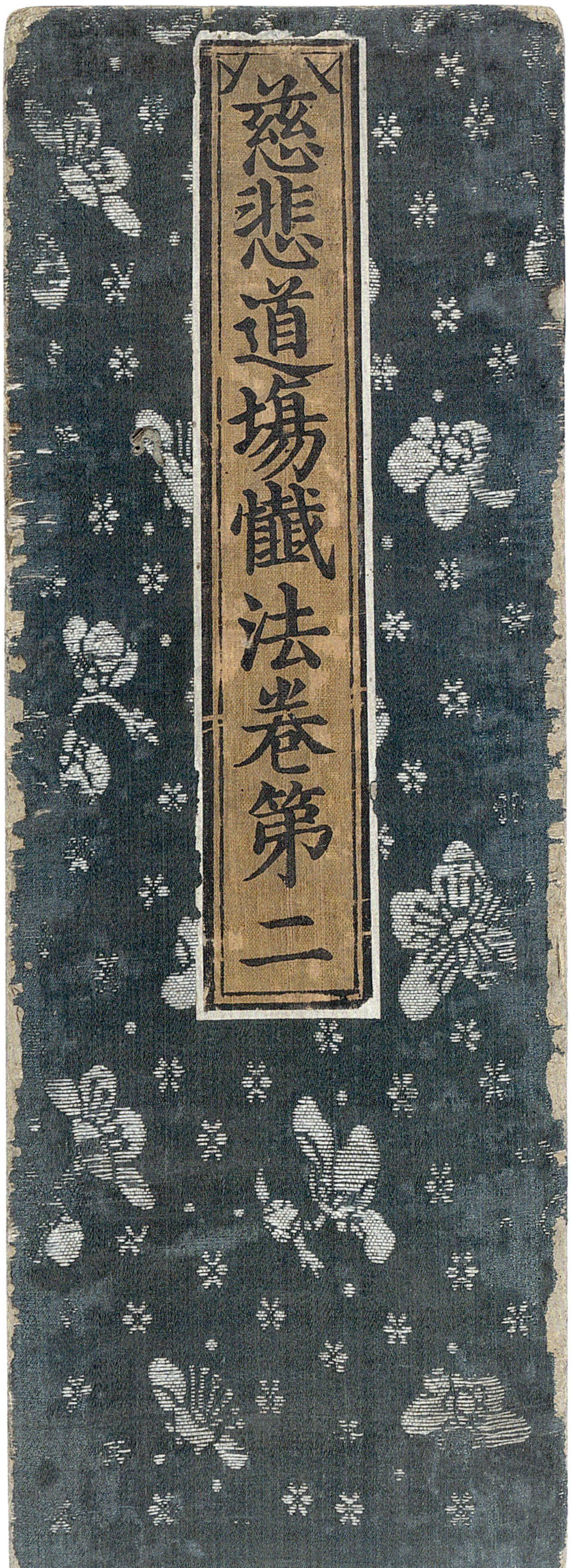

2.8 墨绿地朵梅两色缎

纵：34cm，横：12cm

图案循环：经向 23cm

墨绿地上织白色梅花纹。图案为散点式四方连续，梅花或呈正面放射状，或做侧面观，造型或大或小，显示出独具匠心的变化。深色地子浅色花纹，稳重而不失活泼。

2.9 灰绿地朵梅潞绸

纵：34cm，横：12.2cm

图案循环：经向 3cm，纬向 4.5cm

灰绿色地上织黄色朵梅纹。图案呈散点式四方连续，梅花花心以相套的大小圆圈表示，花瓣之间露出花萼。图案色相对比减弱了纹样整齐划一的单调感。

2.10 桃红地朵梅菱格卐字纹锦

纵：35cm，横：12.2cm

图案循环：经向 8.5cm，纬向 6cm

桃红地上以不同颜色的丝线织出各种纹样。图案为锦上添花式构图，菱格卐字纹为地纹，朵梅呈散点式排列。桃红色地与蓝色的地纹和白色的梅花对比鲜明，白色梅花上红色的花蕊轮廓和类似地子色彩的黄红色梅花起到了很好的调和作用。图案艳丽而不失雅致，欢快而不至喧闹。

2.11 大红地缠枝莲两色缎

纵：34.5cm，横：12cm

图案循环：经向 15.8cm

大红地上织黄色缠枝莲纹。图案中的莲花，有的已长出莲蓬，有的正在盛开，部分荷叶非常写实。红地黄花，非常艳丽。

2.12 **蓝绿地缠枝莲闪缎**

纵：31.5cm，横：11cm
图案循环：经向 6.5cm，纬向循环 5cm

莲花纹造型简单绣巧，作侧面观，未长出莲蓬。

2.13 月白地缠枝莲两色缎

纵：34.8cm，横：12.3cm

图案循环：经向 17cm

莲花纹已长出饱满的莲蓬，花的主茎上也有沉甸甸的莲蓬，荷叶栩栩如生。

2.14 **桔黄地缠枝莲八吉祥暗花缎**

纵：35.5cm，横：12cm

莲花纹作侧面观，花纹显得严整刻板，其上分别托法轮、法螺、宝伞、双鱼、盘长等佛家符号，主茎粗状明显，依次绕过花头。

2.15 绿地折枝莲卐字织金缎

纵：35.5cm，横：12.4cm

图案循环：经向 11.5cm，纬向 5.5cm

绿色地上以金线织出花纹。图案以菱格万字纹为地纹，地纹上留出近圆形的空地，空地上填入折枝莲，折枝莲呈团状，以花朵为中心，花朵周围搭配四组叶片，花枝弯曲向一侧留出空地，填入折枝莲花。

2.16 柳绿地折枝莲杂宝暗花缎

纵：33.5cm，横：12cm

图案循环：经向 24cm

这种造型的折枝莲纹秀巧，间以细小的杂宝符号。

2.17 茶绿色地缠枝芙蓉暗花缎

纵：35cm，横：12.2cm

图案循环：经向 13cm

茶绿色地上以相近色彩的丝线织缠枝芙蓉花，芙蓉花叶片宽短、四裂，叶脉清晰可见，风格淡雅别致。

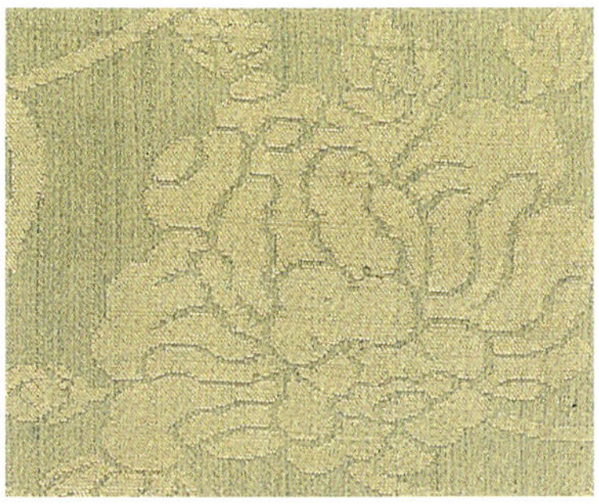

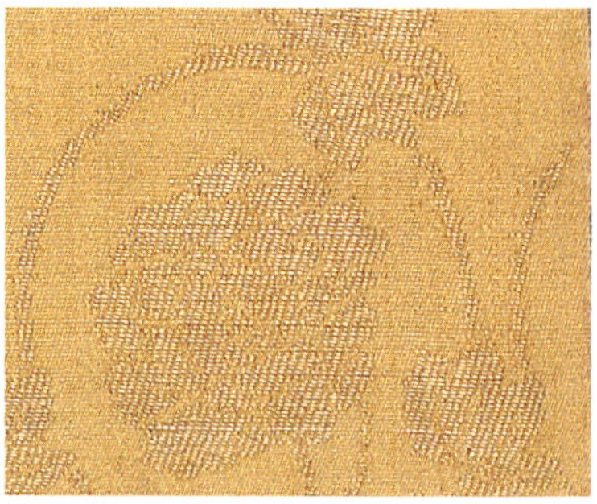

2.18 明黄地缠枝芙蓉暗花绸

纵：35.3cm，横：12cm
图案循环：经向 8.8cm，纬向 4.4cm

图案中纹样的缠枝式布局十分明显，花朵造型较小，显得空地较多，花叶掌状，五裂。

2.19 大红地芙蓉海螺双层锦

纵：35cm，横：12.2cm
图案循环：纬向 9.5cm

大红地上织黄色缠枝芙蓉花，花朵呈正侧面观，脉纹清晰，花头圆润饱满，叶片掌状，五裂，十分写实，主花之外的空地上点缀海螺等纹样，色彩艳丽，给人一种雍容之感。

2.20 木红地缠枝宝相花两色缎

纵：34cm，横：12cm

木红地上以浅绿色织宝相花纹，宝相花的内层为写实的莲瓣，外层为莲瓣的变形，红地绿花仍沿习明代主流的配色方式。

2.21 绛紫地缠枝宝相花两色缎

纵：36cm，横：12.2cm

图案循环：经向 12cm

绛紫色地上织天蓝色花纹，图案中的宝相花为牡丹花心，外层为变形莲瓣。地色与花纹色在色相和明度上对比鲜明，图案层次井然，沉稳大方。

2.22 墨绿地缠枝宝相花两色罗

纵：35cm，横：13cm
图案循环：经向 15.5cm

墨绿地上织红色宝相花，宝相花为莲花的变形，两侧可见拼插的灵芝。宝相花的组织形式虽仍为缠枝花式，但主茎线作为结构线把各朵花连缀起来的作用略微减弱，更为突出的是主茎线对花头的缠绕。

2.23 绿地宝相花寿字织金缎

纵：37cm，横：12.2cm

绿色地上以金线织出花纹，宝相花作折枝状，花头饱满硕大，叶片弯曲自如，寿字点缀于宝相花之间的空地上，饱含对长寿的企盼。

2.24 **大红地缠枝菊花纹双层锦**

纵：33.2cm，横：12cm

木红地上以柳绿色丝线织盛开的菊花纹。图案的组织形式为缠枝花，主茎线柔软圆润，菊花或呈正面放射状，或为正侧面观，花心以若干点子表示，花瓣两重。图案色彩艳丽，风格明快奔放。

2.25 虾青地缠枝菊双层锦

纵：35cm，横：12cm

图案循环：经向 20.2cm

虾青地上以米白色丝线织缠枝菊纹，莲花或呈正面放射状，或作侧面观，花瓣繁复，花头饱满，有一种重量感，主茎绕过花头几成正圆，叶片十分写实。图案风格淡雅，自然流畅。

2.26 **藏蓝地缠枝菊莲两色缎**

纵：35.8cm，横：12cm

图案循环：经向 11.2cm

图案由缠枝花卉组成，菊花呈正面放射状，花瓣四重，莲花呈正侧面观，已长出莲蓬，纹样自然生动。

2.27 酱色地缠枝花暗花缎

纵：35cm，横：12cm

图案循环：经向 10.5cm，纬向 5.5cm

图案以缠枝花的主茎为骨架，点缀六瓣朵花，风格秀气雅致。

2.28 **紫红地缠枝莲宝相花两色缎**

纵：36cm，横：12cm

紫红色地织黄色折枝花，有宝相花、莲花等。花卉采用正面或正侧面造型，花瓣与花心取自不同的花卉，体现了富于想象力的装饰风格。

2.29 红地缠枝莲宝相花两色缎

纵：35cm，横：12.2cm

紫红色地上以柳绿色丝线织缠枝花卉，莲花基本作侧面观，已长出饱满的莲蓬，宝相花的内层为莲瓣，外层为莲瓣的变形，并对称拼插灵芝，仍采用了常见的红地绿花配色方式。

2.30 红色地缠枝花卉两色缎

纵：35.1cm，横：11.6cm
图案循环：经向 17cm

酱色地上织绿色缠枝花，菊花呈正面放射状，两重花瓣；莲花作侧面观，比较写实。红地绿花是这批经皮中一个典型的配色方式。

2.31 绿地折枝花卉暗花绫

纵：34.6cm，横：12cm

图案循环：经向 16cm，纬向 7cm

图案由折枝莲和折枝梅构成，折枝花作散点排列，纹样布局严整规则。

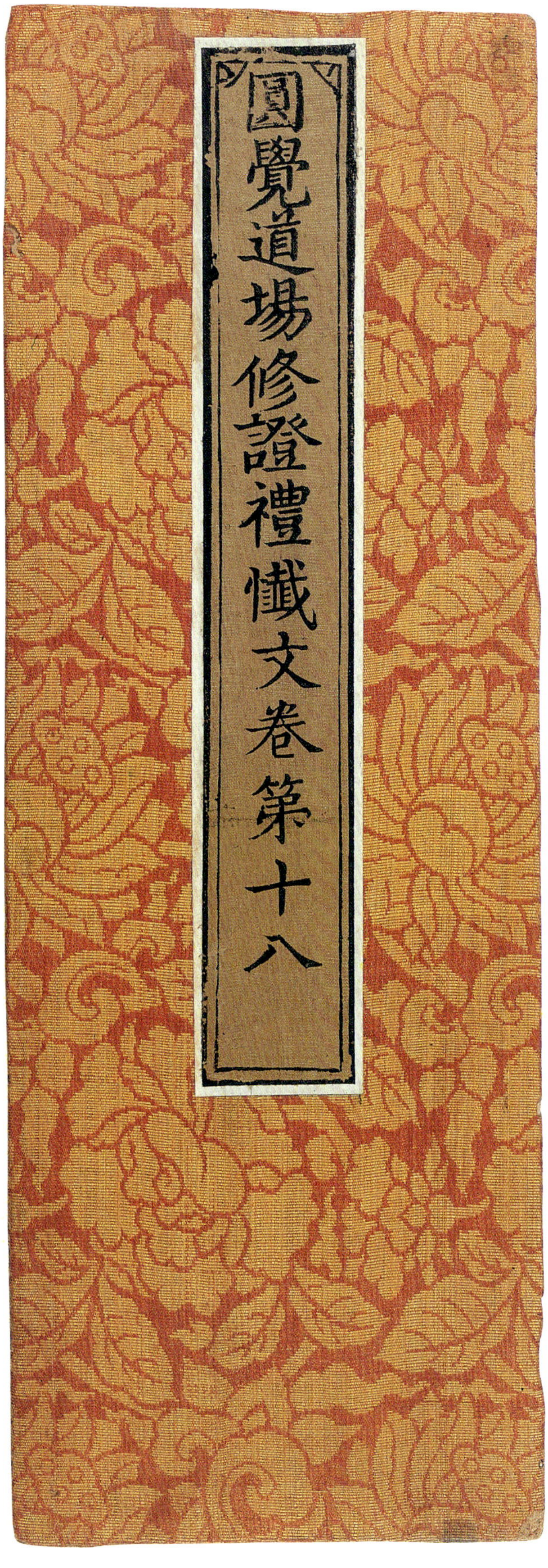

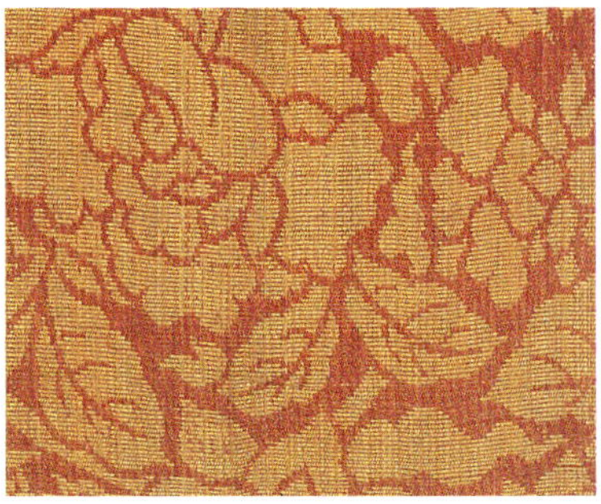

2.32 紫红地缠枝牡丹莲双层锦

纵：33cm，横：11.8cm

图案循环：经向 15cm，纬向 9.5cm

紫红色地上织鲜艳的黄色花纹。图案采用缠枝花式构图，主茎线虽较粗壮，但在繁密的花卉中不太明显；莲花和牡丹布局紧凑，花头圆润柔美，叶子上的脉纹清晰可辨。

2.33 绿地缠枝莲牡丹两色缎

纵：34.8cm，横：12.2cm

图案循环：经向 8.8cm，纬向 7.4cm

绿色地织红色缠枝牡丹和莲花。缠枝花的主茎给人一种柔软感，依次绕过牡丹与莲花，花朵呈侧面观，莲花比较写实，牡丹更为写意，虚实相错，红绿相映，图案鲜活而不俗艳。

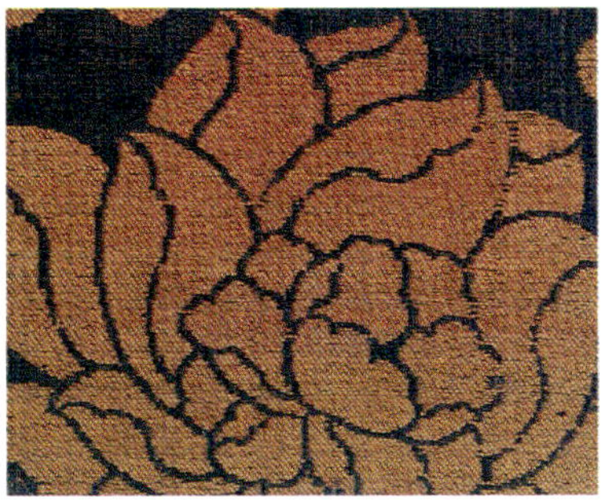

2.34 **藏蓝地缠枝莲牡丹八吉祥两色缎**

纵：34cm，横：12cm

藏蓝色地上以红色丝线织出花纹，莲花与牡丹花的花头饱满硕大，呈正侧面观，花之间的空地点缀八吉祥的符号，图案的色彩气魄豪放。

2.35 柳绿地折枝花卉暗花缎

纵：35.1cm，横：12cm
图案循环：经向 6.7cm，纬向 6.3cm

图案以折枝花作散点排列。一行莲花，一行牡丹，两行纹样错落有致，相邻的莲花与牡丹朝向不同，花型小巧精致。

2.36 红地折枝花卉卍字棉锦

纵：34cm，横：12cm

木红地上织彩色纹样。图案为锦上添花式，勾连万字地纹之上装饰散点式折枝莲和折枝牡丹，牡丹和莲花交错排列，隔行纹样相同，但色彩不同，折枝牡丹和莲花的花枝方向正好相反，可见，通过折枝花方向和色彩的改变，主纹在规则有序的排列中又富有变化。

2.37 蓝地缠枝花卉加金妆花缎

纵：34.2cm，横：12cm

蓝色地以多色丝线织花卉纹，加入金线更增强了装饰效果。图案中有重瓣海棠花，五根花蕊伸展于五个花瓣之上；莲花长出饱满的莲蓬，莲叶十分写实；牡丹的表现比较简洁。图案色彩丰富，搭配讲究，海棠花的花瓣以粉色勾边，粉红色填色；莲花以天蓝色勾边，深蓝色填色；牡丹花以浅蓝色勾边，天蓝色填色，通过色相的不同深浅或相近色相来达到色彩的和谐。

2.38 **蓝地缠枝花卉加金妆花缎**

纵：34cm，横：12cm

这件经皮与图 2.37 属于同一缎料的不同部分，相互结合起来可以反映图案的概况。图案中的牡丹花正在盛开，山茶花的花瓣同向卷曲，彼此相叠。图案给人以枝繁叶茂之感，主纹之外的空地上可见细小的杂宝符号，如方胜、钱纹等，有的钱纹直接装饰在花心部分。

2.39 大红地缠枝花两色纱

纵：33.6cm，横：12.2cm

图案循环：经向 30cm

大红地上以浅绿色丝线织出花纹。图案为缠枝花式，主茎弯曲延伸，菊花呈正面放射状，两重花瓣；莲花尚待完全盛开；山茶花已经怒放；牡丹花的花蕊清晰可见。

2.40 普蓝地缠枝花卉两色纱

纵：34.8cm，横：12.1cm

蓝色地上织红色花纹，图案为缠枝花式构图，主茎线粗壮用力，绕过花头呈近封闭的圆形。莲花、芙蓉花作侧面观，菊花呈正面放射状，不同造型的花卉使图案于严整中显出一些深入活泼。图案色彩对比强烈。

2.41 石青地曲水串枝花卉织金缎

纵：35cm，横：12.2cm

石青地上以金线织出花纹。地纹为曲水纹，绵延悠长，延伸了经皮的空间感。主纹为串枝式，花朵花朵造型较小，串联于波波折折的主茎上，菊花的花瓣两重，其他花卉呈侧面观，紧凑的地纹与疏朗的主纹形成鲜明对照，强化了图案的层次性。

2.42 绿地曲水缠枝花卉两色缎

纵：35cm，横：12cm

绿色地上织红色花纹。图案以曲水纹为地纹，缠枝花为主纹，花卉有菊花、莲花、牡丹等，花朵造型较小，排列也比较稀疏。

2.43 木红地缠枝花卉杂宝两色缎

纵：34.6cm，横：12.2cm

图案中的花卉有菊花、莲花、牡丹等，菊花的造型非常特别，内层花瓣基本延续了通常所见的正面放射状的特点，外层花瓣则采用了夸张变化的表现手法，突出了菊花花瓣的卷曲特征。与之相谐的是莲花的花瓣也加以卷曲变形。牡丹纹也如同绘画一般，花瓣周边有流畅的轮廓线条。

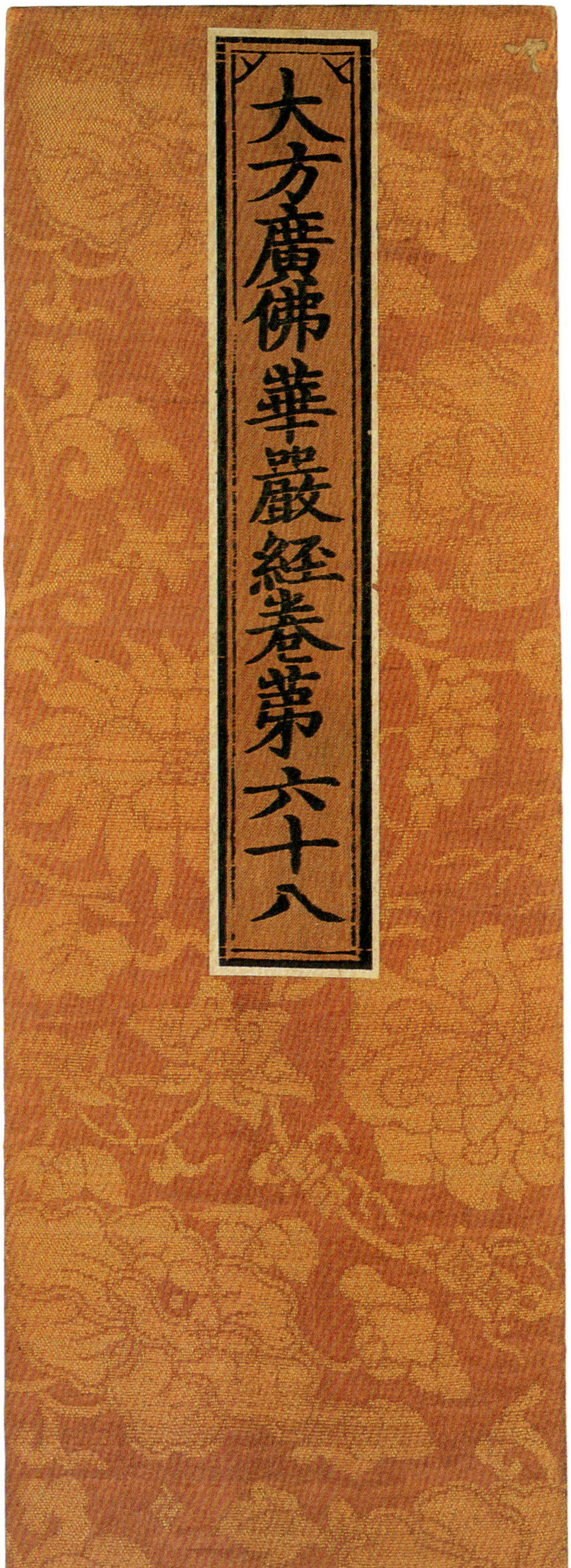

2.44 木红地缠枝花卉杂宝两色缎

纵：34.7cm，横：12.1cm
图案循环：经向 19.5cm

木红地上以天蓝色丝线织缠枝花卉及杂宝纹，这件经皮的缠枝花纹图案比较少见，特别是那种类似葵花的花朵为仅见。蓝色的花朵深沉宁静，与稳重的木红色既形成色相的对比，又在内蕴上保持一致。

2.45 木红地折枝花卉杂宝两色缎

纵：33.7cm，横：12cm

图案循环：经向 16.5cm，纬向 10.5cm

木红地上织黄色花纹。图案中的花卉纹为折枝式，菊花呈正侧面观，花心半遮半掩，莲花微侧倾，牡丹花的花朵与花叶相对均衡，图案显得随意自然。

2.46 **大红地葫芦万代织金缎**

纵：37cm，横：12cm

图案循环：经向 17.2cm

红色地上以金线织缠枝葫芦纹，图案的骨骼较缠枝花清晰，粗壮的主茎线呈波状延续，环绕葫芦几乎呈正圆，主茎上装饰写实的叶片、葫芦须以及五瓣花，整体风格十分华美。

2.47 红地平安大吉葫芦潞绸

纵：33cm，横：11.9cm

图案循环：经向 10.5cm，纬向 9cm

红色地上织黄色花纹，图案由葫芦纹和四字吉语组成，单位纹纵向两两错，隔行重复连续，纹样色彩鲜艳欢快，与表达的内容十分相配。

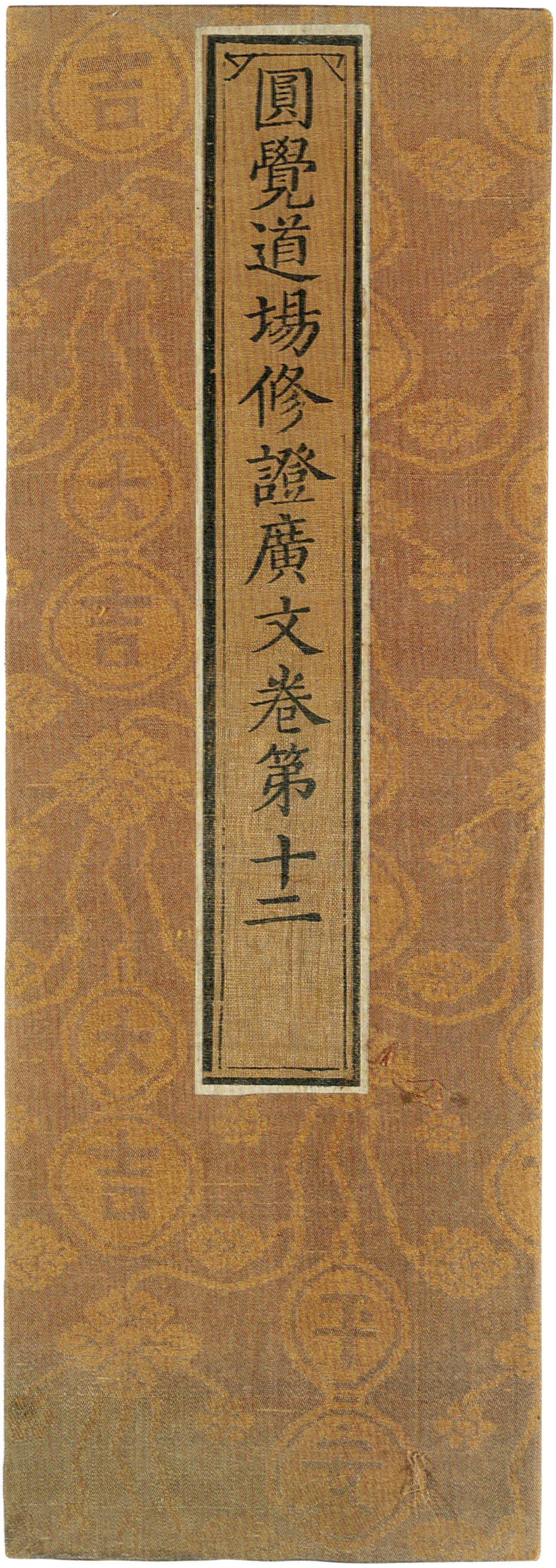

2.48 大红地五湖四海两色缎

纵：34.7cm，横：12cm

大红地上织绿色花纹。五个葫芦以葫芦叶为中心作向心式构图，呈团纹状；四个海螺也作向心式布局，这两个团纹谐音五湖四海。

2.49 大红地万事大吉葫芦加金妆花缎

纵：35cm，横：12cm

大红地上以妆花和加金工艺织出纹样。缎经皮。图案应是二方连续图案，从局部推测，可能是综合式的二方连续，图案丰富多彩，包含的纹样单位较多，有葫芦、葫芦叶、葫芦枝和葫芦花，葫芦的造型有大有小，使得悬挂的高度产生高低之间的差异，形成比较强的对比。在我们所研究的经皮子中，二方连续图案非常少见。

2.50 大红地吉祥事事如意葫芦纹两色缎

纵：34.9cm，横：12cm

一段段波状主茎上装饰着以葫芦花开始的葫芦纹和双柿子纹。葫芦图案化，内填戟、“祥”字和灵芝纹，用谐音与象征的方式表示吉祥如意，葫芦颈部束丝带，底部外廓饰莲瓣纹；柿子稚拙写实，饱满诱人，增强了图案的生动性。红地黄花，分外喜庆，与所表达的主题十分和谐。

2.51 茶绿地折枝果纹暗花绫

纵：34.8cm，横：12cm

图案循环：经向 6.2cm

茶绿地以相近色彩的丝线织折枝果纹，折枝桃和折枝石榴构成主题纹样，折枝桃隔行重复连续出现，两行折枝桃之间夹饰折枝石榴，桃与石榴一俯一仰，整齐中透出变化，主体纹样之外的空地上装饰卍字纹。

2.52 月白地卐字桃石榴暗花绫

纵：34.7cm，横：12cm

图案循环：经向 10.8cm，纬向 6.5cm

图案为暗花，由折枝桃和折枝石榴组成。折枝纹呈散点排列，桃枝上为一对桃，石榴露出籽粒，桃和石榴周围环绕卍字。

2.53 大红地桃实纹织金缎

纵：34cm，横：12cm
图案循环：经向 19.1cm

大红地上以金线织桃实纹。图案以菱格万字纹为地纹，以金线织折枝桃纹，桃纹非常写实，桃枝上有三个桃尖朝外的大桃子，桃叶修长，叶尖翻卷，还有一朵盛开的桃花。红地金花，富丽堂皇。

2.54 宝蓝地三多纹两色缎

纵：34cm，横：12cm

宝蓝地织红色三多纹。三多纹由石榴、佛手和桃实组成，石榴皮裂开露出籽粒，寓意榴开百子；佛手形若手掌，与福寿谐音；桃实代表寿，三多纹寓意多福、多寿、多子。

2.55 蓝地折枝灵芝卐字织金纱

纵：33.6cm，横：12.8cm
图案循环：经向 10.5cm，纬向 11cm

蓝色地上以金线织出纹样，图案以菱格 字纹为地纹，折枝灵芝为主花，灵芝花由一朵主花与几朵辅花组成，灵芝花的方向一致，整齐有余，变化不足。

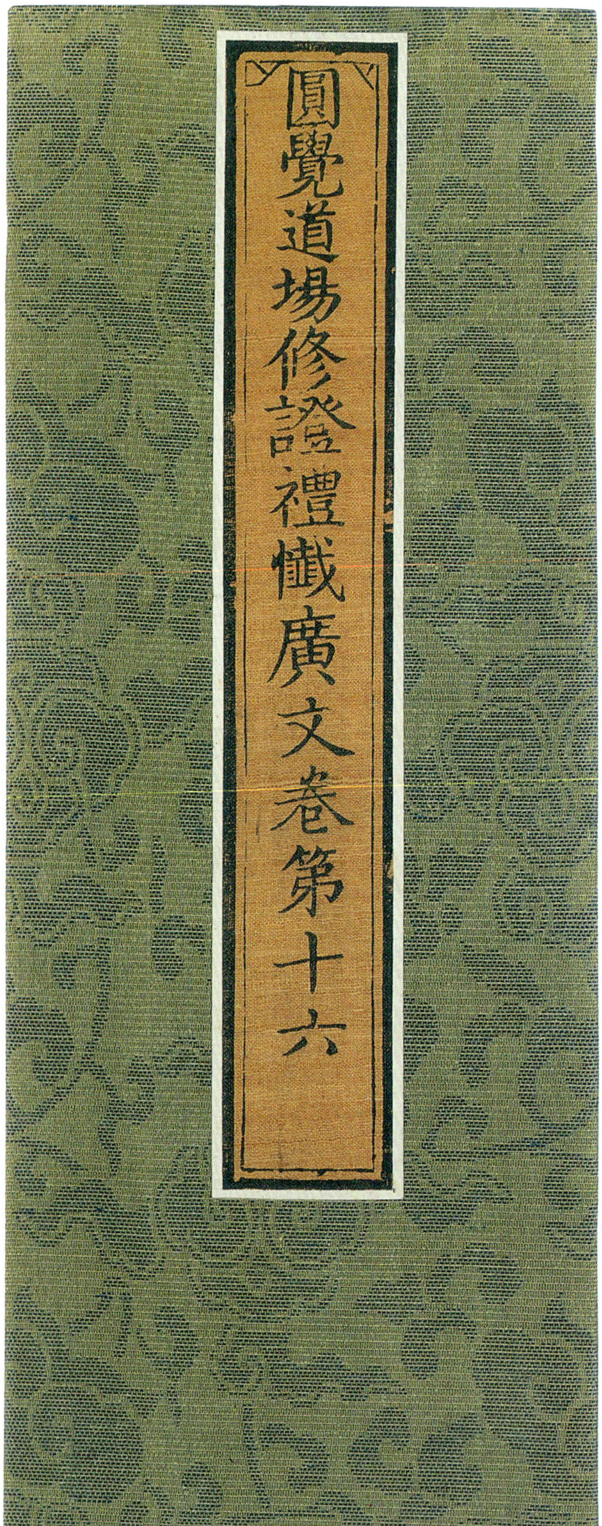

2.56 柳绿地四合如意朵云缠枝灵芝两色罗

纵：33cm，横：11.9cm

柳绿地上织浅蓝色四合如意朵云纹和灵芝纹，灵芝纹为缠枝式，四合如意朵云点缀其中，地纹与花纹色彩的明度相近，十分和谐。

2.57 朱红色地四合如意连云灵芝纹织金缎

纵：34.7cm，横：12cm

图案循环：经向 6.5cm

朱红色地上以金线织出花纹。图案以灵芝纹为主纹，灵芝纹纵向错开排列，两两相错的灵芝方向相反，纹样严整规则中透出活泼的气息。

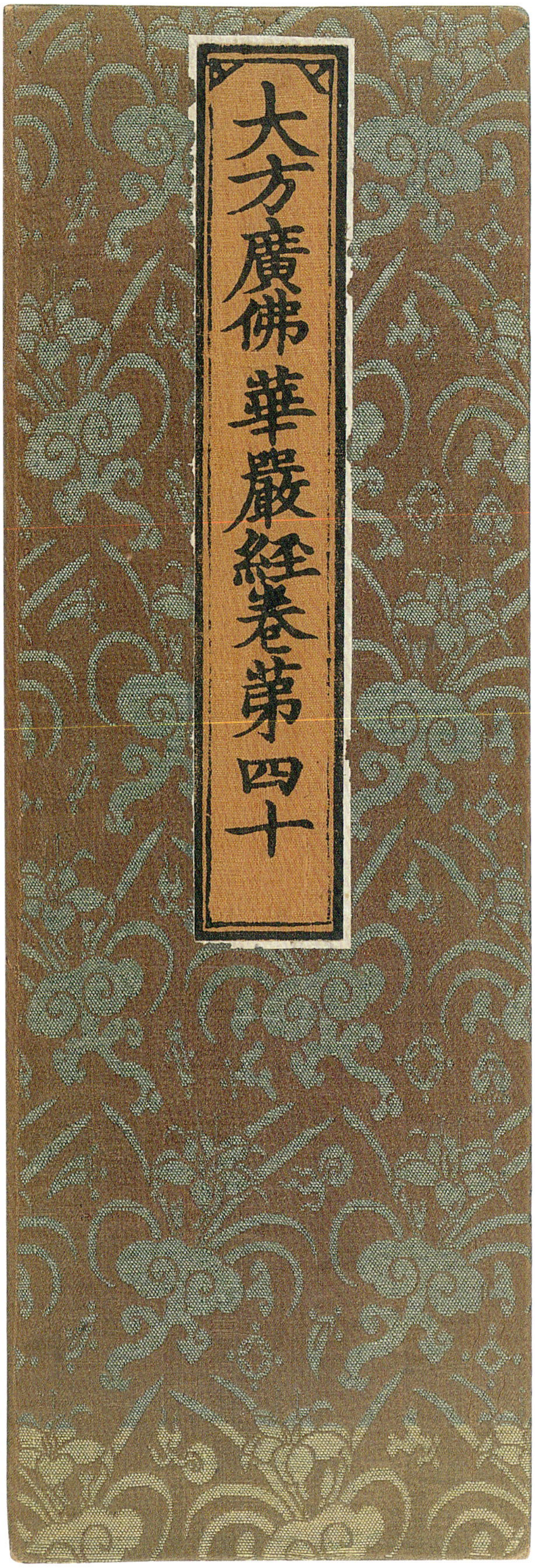

2.58 绛紫地灵芝花卉杂宝两色缎

纵：34.8cm，横：12cm
图案循环：经向 12.2cm，纬向 5.6cm

绛紫色地上织柳绿色花纹，图案以折枝灵芝为主纹，按米字骨骼排列，灵芝纹的方向一左一右彼此交错，充满节奏与韵律，纤巧的杂宝符号点缀其中。

2.59 绿地缠枝松竹梅闪缎

纵：37.6cm，横：12.3cm

绿色地上织黄色花纹。与缠枝花相比，这种图案的主茎线显得细弱而更富有柔性，主茎交替环绕朵梅，主茎上有规律地装饰成组的竹叶、松针纹，图案细密精致主茎作波状延伸，松针三个一组、两个一簇，四片竹叶组成掌状，五瓣梅花正在盛开。图案风格淡雅，与表现的主题十分和谐。

2.60 茶绿地平安竹闪缎

纵：35.4cm，横：12.3cm

图案循环：经向 8cm，纬向 5cm

主茎线条明显，竹叶或三片一组，或四、五片一簇，排列比较自如，主茎有时环绕梅花，有时环绕灵芝，颇富变化。

2.61 红地平安竹闪缎

纵：35cm，横：12.2cm

这件经皮以平安竹为装饰题材，图案的组织形式与缠枝花卉、缠枝葫芦等题材有所不同，主茎仅向一个方向环绕梅花，竹叶和其他朵花串联于主茎之上，为串枝式。纹样疏朗别致，整齐有序。

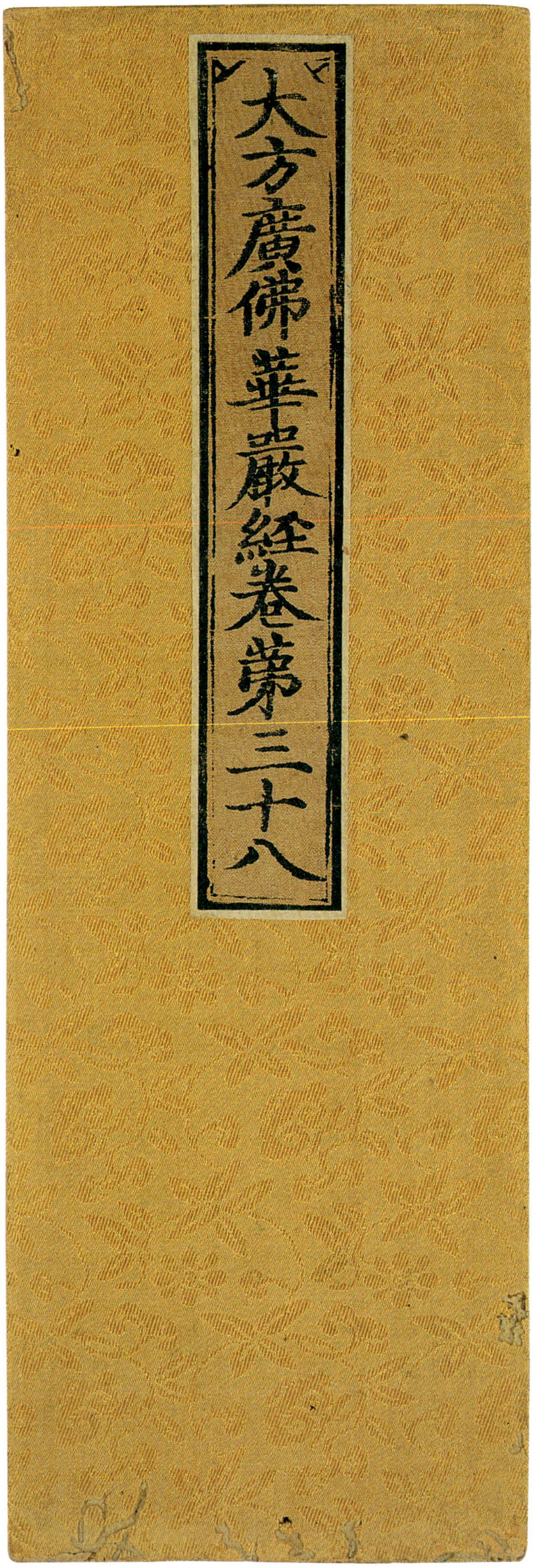

2.62 **鹅黄地平安竹暗花绸**

纵：35cm，横：12.1cm

菊花呈正面放射状，花瓣之间比较稀疏；竹叶四个一簇、五个一组，点缀于花茎之上。花茎绕过灵芝纹和菊花纹。

2.63 明黄地曲水串枝花卉两色缎

纵：35.7cm，横：12.2cm
图案循环：经向 12cm

明黄地上织红色花纹。图案为串枝花式，花的主枝梗呈波状延伸，其上装饰花叶，菊花、牡丹、莲花等纹样交错串联在主茎上。在这批经皮子的图案中，串枝花的使用频率远远不及缠枝花。

2.64 **紫红地火焰云升降龙两色缎**

纵：31.5cm，横：12.6cm

图案循环：经向 17cm

紫红色地上织绿色火焰云升降龙纹。图案中，一排升龙火焰云，一排降龙火焰云，相邻两排龙纹斜向对应，一升一降，富于变化。一大一小方向相反的火焰云作为一组辅助纹样，装饰于主纹升降龙之间的空地上。

2.65 宝蓝地四合如意朵云升降龙两色缎

纵：35.4cm，横：12cm

图案循环：经向 16.5cm，纬向 11cm

宝蓝地织红色花纹。图案中一排升龙朵云纹，一排降龙朵云纹，相邻两排龙纹斜向对应，龙纹图案化较强。

2.66 柳绿地四合如意连云升降龙两色缎

纵：35.2cm，横：12cm

柳绿地织米色纹样。图案中的云纹以波状线的形式作斜向连续，其间的空地上填充龙纹，升降龙纹作为一组单位纹连续出现。地纹与花纹对比配色，但绿地米白色纹在这批经皮中并不多见。

2.67 蓝绿地折枝花卉升降龙织金纱

纵：34.2cm，横：11.8cm
图案循环：经向 25.5cm，纬向 11cm

图案中的折枝花卉有菊花、莲花、茶花等，两两相组，与升龙、降龙交替出现，一升龙与一降龙斜向相对。

2.68 明黄地四合如意朵云团龙暗花缎

纵：32.8cm，横：12.8cm

图案循环：经向 18cm，纬向 11cm

图案由主纹团龙与辅纹朵云构成，它们两两相错，规矩有致。

2.69 大红地四合如意连云团龙两色缎

纵：34.9cm，横：13.5cm

图案循环：纬向 11cm

大红地上织浅黄色纹样，四合如意连云呈斜向波状延伸，连云纹之间填团龙纹，连云云脚富于动感，波状延续具有韵律的变化，纹样规矩之中透出活力。

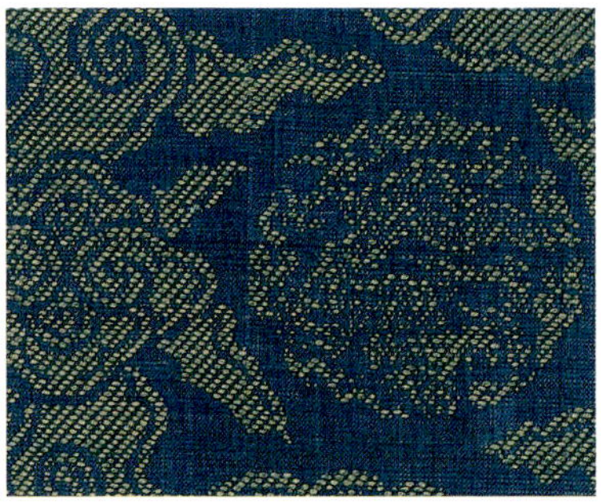

2.70 普蓝地四合连云团龙两色纱

纵：34cm，横：11.7cm
图案循环：经向 13cm

图案为散点式与波形连缀相结合的组织形式。四合如意连云呈波状连续，团龙纹在云纹之外的空地上散点排列，图案规矩中蕴含着节奏与韵律。

2.71 香黄地四合如意朵云团龙织金妆花缎

纵：33.9cm，横：13cm

图案循环：经向 8.5cm，纬向 10cm

香黄色地以妆花和加金工艺织出纹样。图案为散点式排列，团龙与朵云纵向与横向均交替出现，隔列相同并对齐。图案严整规则，飘动的云脚使色彩艳丽的图案更增几份生气。

2.72 鹅黄地团龙方棋纹暗花罗

纵：32.2cm，横：13.1cm

图案循环：经向 10.5cm，纬向 10.3cm

图案以方棋纹为地，地纹上作圆形开光，内填龙纹。

2.73 **香色地团龙两色缎**

纵：25.3cm，横：10.7cm

图案循环：经向 7cm

香色地上织团龙纹，团龙造型较小，按米字骨骼进行排列，两两相错，隔列或隔行完全对齐，纹样井然有序。

2.74 **普蓝地龙水纹妆花纱**

纵：35cm，横：13.5cm

普蓝地上以妆花工艺织海水游龙纹。从这件经皮上，我们无法看清龙纹整体面貌的纹样，仅能了解局部特征，龙纹有力的四爪和长着鳞片的尾部，天空中云朵相连。

2.75 普蓝地云龙纹加金妆花纱

纵：35cm，横：12.5cm

普蓝地以妆花工艺织飞龙纹，加入金线更增加了图案的装饰效果。图案中龙纹仅见局部，龙身上的鳞纹描绘得十分精致。

2.76 蓝灰地龙栏两色锦

纵：32cm，横：14.8cm

蓝灰地装饰米白色纹样。图案为散点式二方连续，散点有两个，即行龙纹和云纹，以龙纹为主，彼此交替反复出现，呈现条带状纹样。

2.77 湖色地云龙加金妆花缎

纵：36.2cm，横：12.8cm

湖色地上以妆花和织金工艺织出花纹。图案的主纹为腾龙，与升降龙中的升龙形象相似，唯更为写实，嘴大张，须前飘，发更为夸张。龙纹之下是作为背景的海水江崖纹，强调对浪花表现，浪花若卷曲的花枝。

2.78 **大红地云龙纹织成妆花缎**

纵：33.7cm，横：12.6cm

图案置于长方形框内，主纹由两条腾龙和一正面龙构成，最上面的正面龙纹以头部为中心，身体盘曲，四角点缀的云纹造型相同，但用色不同，属于角隅形适合纹样。

2.79 藏蓝地凤穿牡丹织金缎

纵：33.8cm，横：12.2cm

藏蓝色地上以金线织出纹样。图案中，相邻两排凤纹飞舞方向相异，一俯一仰，相互呼应。凤纹非常写实，鸡头，颏下一根长羽，头上有花形高冠，尾部或分成三叉，呈火焰云状，或为三片长羽。茂盛的花，飞舞的凤，静中有动，动中有静，图案给人以雍容华贵之感。凤为百鸟之王，牡丹为百花之王，凤与牡丹结合，寓意吉祥富贵。

2.80 石青地凤纹卐字织金罗

纵：35.5cm，横：13.5cm
图案循环：经向 18cm

石青地上以金线织出花纹。图案以菱格卐字纹为地纹，飞凤为主纹，凤纹或有尾羽五片，或为尾部歧出似火焰云状，两种凤纹的头尾方向正好相反，一为头上尾下，一为头下尾上，两两以喜相逢的形式组合，主纹的飘动感与地纹规整有序的静止感形成对比。

2.81 红地凤鹤纹加金妆花纱

纵：34.9cm，横：12cm

图案循环：经向 16.3cm

红色地以多彩丝线通过妆花工艺织出凤纹与鹤纹，辅以金线更增添了图案的富丽感。图案呈多散点构图，凤头侧视，双翅张开，凤尾分叉似火焰云；鹤口衔灵芝，曲颈而翔，图案寓意吉祥长寿。

2.82 石青地缠枝牡丹宝相花团凤纹两色缎

纵：34.2cm，横：12.2cm
图案循环：经向 21.3cm

石青地上以米黄色织出牡丹宝相花团凤纹。团凤与缠枝莲花、宝相花和牡丹中的一种或两种花卉是较常见的组合，花朵一般造型较大，饱满的花朵与团状的凤纹十分和谐。团凤一为五片尾羽，一为火焰云形尾羽，两种团凤交错装饰于缠枝牡丹和宝相花之间的空地上，图案生动自然又富于装饰。

2.83 桔黄地凤纹织金缎

纵：35cm，横：12.2cm

图案循环：经向 5.3cm，纬向 2.7cm

经皮以单一的立凤为单位纹样横向（即沿纬线方向）错开排列。凤纹规整、图案化，头侧向，双翅展开，三片尾羽向下再向侧面弯曲，头侧的方向与尾弯的方向相同。相邻两行凤纹头向与尾向相异，使图案在规矩中有一定变化。

2.84 **明黄地折枝花凤纹加金妆花纱**

纵：34cm，横：12cm

明黄地以妆花和加金工艺织海水江崖和折枝花凤纹样，推测应为二方连续图案。所见凤纹十分写实，作回首状，凤头上和颏下之饰与其他经皮上的凤纹不同。

2.85 大红地云凤纹加金妆花罗

纵：35cm，横：12.5cm

这件经皮的图案比较复杂，一部分是在大红地上织暗花纹；另一部分是以金线和多种彩色丝线通过妆花工艺描绘出主题纹样——海水江崖云凤纹，江崖若圭形，旁边是涌起浪花，天空中有多彩的云朵和美丽的凤尾，凤尾有五片飘带形尾羽，三长两短，与飞凤和团凤的尾羽不同。图案色彩丰富，风格富丽。

2.86 石青地团龙凤缠枝牡丹莲织金缎

纵：31.7cm，横：10.2cm

图案循环：经向 18.4cm

石青地上以金线织出花纹。图案采用缠枝花与散点相结合的组织形式，缠枝花包括牡丹、宝相花，团龙与团凤纹两两相错，在这批经皮中，这样主题的纹样并不多见。

2.87 绿地缠枝花龙凤纹两色缎

纵：33.5cm，横：12cm

图案循环：经向 15.3cm

图案中的凤展翅而飞，五片尾羽；龙侧向，双上肢一前伸一后伸，尾由两后腿之间穿过，造型与腾龙非常相似。

2.88 墨绿地龙凤穿花卉织金缎

纵：34cm，横：13cm

图案循环：经向 15cm

墨绿地上以金线织龙凤穿花纹。缠枝花花头较小，主茎线清晰可辨，呈斜向波状延伸，或半环绕花头，或环绕花头几近全圆，飞凤与飞龙两两相错排列有致，纹样繁密。

2.89 大红地缠枝花卉团龙凤纹两色罗

纵：35cm，横：11.9cm

图案由缠枝花牡丹、宝相花与团龙团凤构成，无论是花头还是龙凤纹都对形状进行了求圆化的规整处理，使图案更为和谐。缠枝花主茎线作为结构线的通幅连缀作用减弱，花卉两个一组斜向连缀。地色与纹色并不采用常见的对比色，极具个性。

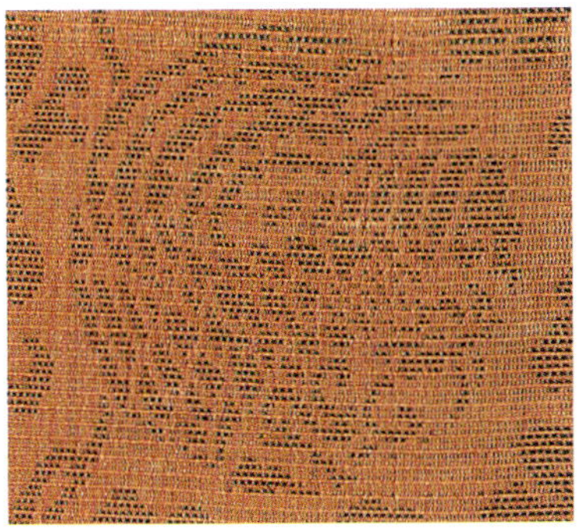

2.90 蓝绿地团龙凤方棋加金锦

纵：32.2cm，横：14.3cm

图案循环：经向 16cm，纬向 11cm

蓝绿地上以多色丝线织出纹样。图案以方棋纹为地，地纹上作花形开光，内填龙凤纹，此外，还点缀团状折枝花。

2.91 白地云鹤纹加金妆花纱

纵：35cm，横：12.3cm
图案循环经向：10cm

白色地上以妆花和加金工艺织云鹤纹，这类图案比较多见。飞鹤纹十分写实，鹤张嘴露舌，舒展双翼，向同一个方向飞翔。鹤纹之外的空地上填饰彩色朵云纹。

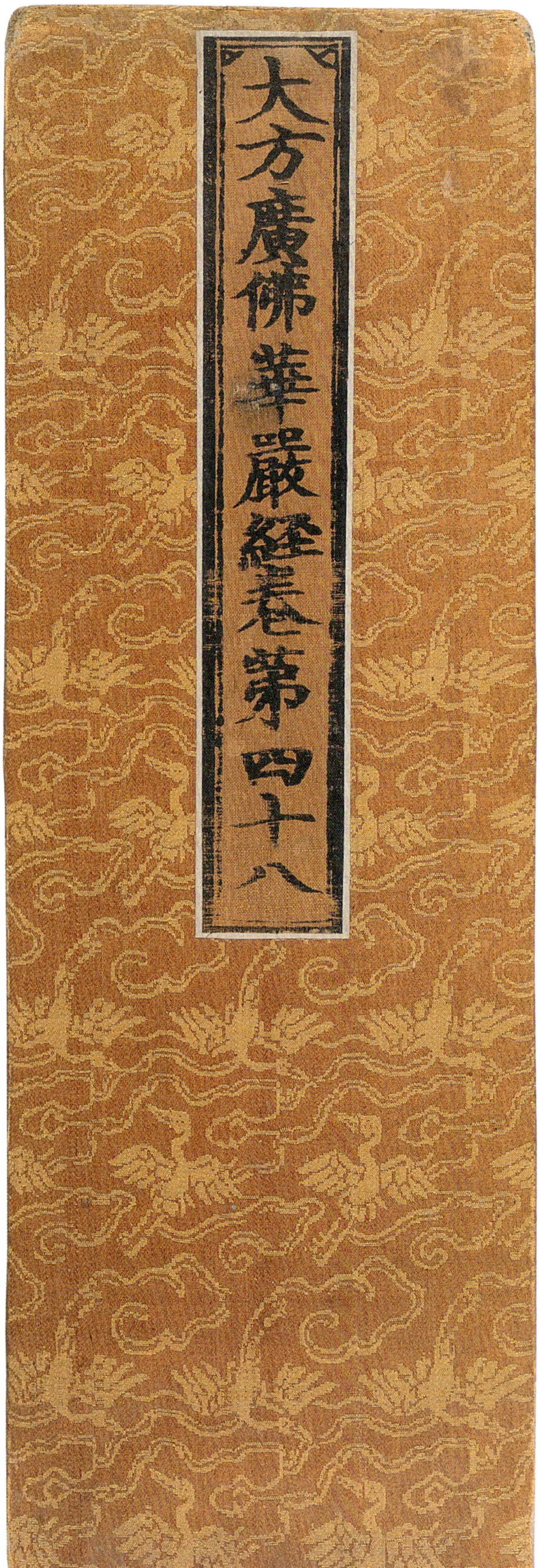

2.92 木红地云鹤纹两色缎

纵：35.5cm，横：12.2cm

图案循环：经向 8cm，纬向 4.5cm

木红地织黄色花纹。图案中，鹤纹半写实半图案化，流云或波波折折，或弯转回旋，鹤依着云，云绕着鹤，颇有几分意境。

2.93 大红地八音飞鹤纹两色纱

纵：35cm，横：12.3cm

图案循环：经向 17cm，纬向 9.5cm

大红地上以明亮的黄色丝线织出纹样。主题纹样八音飞鹤纹是由乐器图案与较为写实的鹤纹共同组成的纹样，仙鹤或口衔乐器，伸颈而飞，或口衔灵芝，曲颈而舞，姿态曼妙，乐器可见鼓、笙等，似在流淌着动听的音乐。

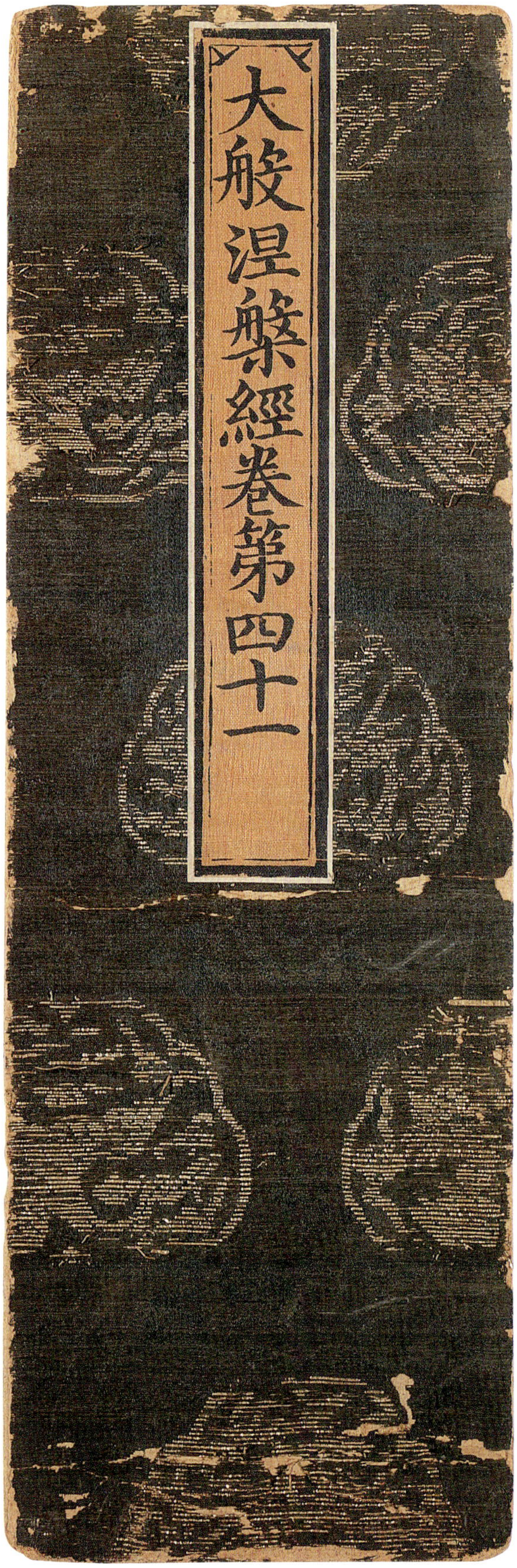

2.94 沉香色连云暗花地如意鹤纹织金缎

纵：35.5cm，横：12cm

图案循环：经向 17cm，纬向 10cm

沉香色暗花地纹上以金线织团鹤纹，团鹤纹在这批经皮中比较少见，如意形窠，内填鹤纹，图案规矩整齐。

2.95 石青地曲水蟠螭纹两色绸

图案循环：经向 5.9cm，5.8cm

石青地上织浅绿色花纹。图案以曲水纹为地纹，主纹蟠螭纹比较图案化，螭面如虎，脚有三趾，身体蜷曲成团状，这种主题纹样的经皮很少。

2.96 大红地蟠螭云纹织金缎

纵：35.5cm，横：12cm

大红地上以金线织出图案，图案为典型的锦地开光式，小菱格纹为地，云纹构成团窠，内填螭纹。螭纹十分写实，张口露齿，双目圆睁，四足矫健，脚有三趾。红地金花，富丽堂皇。

2.97 木红地奔兔杂宝折枝花闪缎

纵：35cm，横：12.2cm

图案循环：经向 7.4cm，纬向 5cm

木红地以绿色丝线织出纹样，图案的单位纹由两个主花纹样和其他小型纹样构成，主花的大小差别不大：兔子或口衔灵芝向前奔跑，或边奔跑边回头张望，颇为生动。主纹之外的空地上填杂宝纹、折枝花纹。主花按米字骨骼排列，小纹样穿插于主花之间。

2.98 **茄色地折枝菊蜂蝶双层锦**

纵：35cm，横：12cm

茄色地折枝菊蜂蝶双层锦经皮，图案中菊花盛开，花叶茂盛，栩栩如生的蝴蝶和蜜蜂在花间徘徊，给人一种生机盎然的自然情趣。

2.99 明黄地四合如意连云纹两色纱

纵：34cm，横：12cm

图案循环：经向 13.2cm

明黄地上织红色四合如意连云，这种图案的经皮比较多。连云的造型为四合如意形云头，上下左右共四条云脚，云头通过其中的两条云脚彼此串联，形成波状连续，纹样富于韵律和节奏感。

2.100 灰蓝地四合如意连云暗花缎

纵：35.5cm，横：12.2cm
图案循环：经向 9.2cm，纬向 5.5cm

图案为暗花，由单一四合如意连云作为装饰纹样，云头通过上下两条云脚彼此串联，形成波状连缀，云头的左右两侧出小云脚，做飘动状。连云纹造型较小，秀巧精致，这种图案的经皮比较多。

2.101 鹅黄地四合如意连云织金纱

纵：33cm，横：12cm

鹅黄地上以金线织四合如意连云，云纹的一条云脚分叉，分别与错落排列的两个云头相连，另一条云脚自由飘动，还有一条云脚与另一云头相连。

2.102 明黄色四合如意连云暗花绸

纵：35cm，横：12.3cm

图案以暗花连云纹为装饰，连云造型与一般所见的连云有所不同，即四合如意云头十分图案化，由四个涡纹组成，两条云脚向两侧飘动，另外两条云脚呈S形，分别由三条线条组成。

2.103 明黄地四合如意连云升降龙两色缎经皮

纵：33.2cm，横：11.8cm

图案循环：经向 21.6cm

明黄地织蓝绿色纹样，四合如意连云以波状线纵向连续，其间的空地上装饰升降龙纹，龙纹一升一降斜向成对，隔列相同。图案色调爽朗，层次分明。

2.104 桔红地云凤纹暗花绫

纵：34.7cm，横：12cm

图案为暗花，凤侧首展翅，五根长长的翎羽飘向一侧；连云图案化，即云头不是四合如意式，而是“二合如意式”，云朵一般两两相连，不像单一形式的连云那样规整严谨。

2.105 沉香地四合如意连云灵芝纹两色纱经皮

纵：35cm，横：12.3cm
图案循环：经向 16.3cm

沉香地织黄色花纹。图案以连云做斜向波状连续，连云之间填充灵芝纹，纹样格式富于韵律。

2.106 木红地四合如意朵云暗花缎

纵：35.4cm，横：11.9cm

图案循环：经向 10.5cm

图案为暗花，单位纹由单一朵云构成，做散点排列。朵云的形状为四合如意头，上下左右四条独立的云脚，造型较大，颇具动感。

2.107 绿地如意朵云暗花绸

纵：34.5cm，横：12.3cm

图案循环：经向 4.5cm，纬向 2.2cm

图案为暗花，由单一四合如意朵云作为装饰纹样，朵云造型较小，排列十分密集。

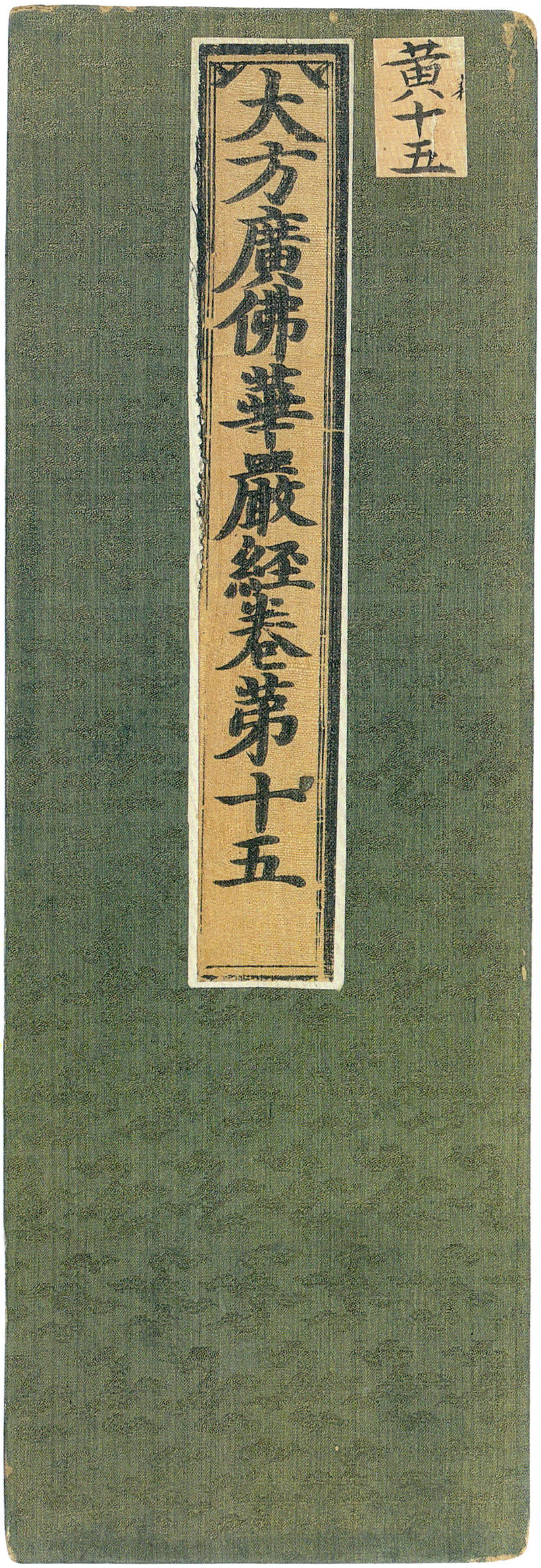

2.108 **大红地四合如意朵云杂宝纹棉锦**

纵：33cm，横：12cm

大红地上，用多种颜色织出朵云纹，朵云之间的空地上填充杂宝纹，图案色彩斑斓。

2.109 木红地四合如意朵云卐字棉锦

纵：33.8cm，横：12cm

图案以曲水纹为地纹，彩色丝线织成的朵云纹，地纹规整，朵云活泼，一静一动，对比强烈，多样的色彩更增强了装饰效果。

2.110 宝蓝地“大方广佛华严经卷”织成两色缎

纵：37.5cm，横：12.3cm

图案采用的是单独纹样，正中为“大方广佛华严经卷第”，第字后边是为填写号码留出的空地。经名的左右对称装饰升龙纹和四大天王纹，四大天王有头光，双目圆睁，周围祥云环绕。作为辅纹的云纹也是左右相同，但一侧与“日”字组合，”另一侧与“月”字组合。

2.111 **紫红地四合如意朵云杂宝朵梅两色缎**

纵：33cm，横：12cm

图案循环：经向 11cm

紫红地上以柳绿色织朵云与杂宝朵梅纹。朵云云头若“品”字，上下左右四条飘动的云尾；杂宝符号围成团窠状，内填五瓣朵梅。朵云与杂宝朵梅纹按井字骨骼间隔错落。

2.112 墨绿地四合如意云灵芝两色缎

纵：33.8cm，横：12.2cm

图案循环：经向 13.5cm

墨绿地上织淡紫色灵芝云纹，灵芝纹与四合如意朵云两两相错，共同表达吉祥的内涵。深地浅花用色对比分明，纹样十分突出。

2.113 石青地火焰云杂宝两色纱

纵：35cm，横：12.2cm

图案循环：经向 10.8cm

石青地织红色花纹。火焰云作斜向连缀，相邻的云纹云头方向发生转换，富于韵律感，留出的空地上填充杂宝纹。

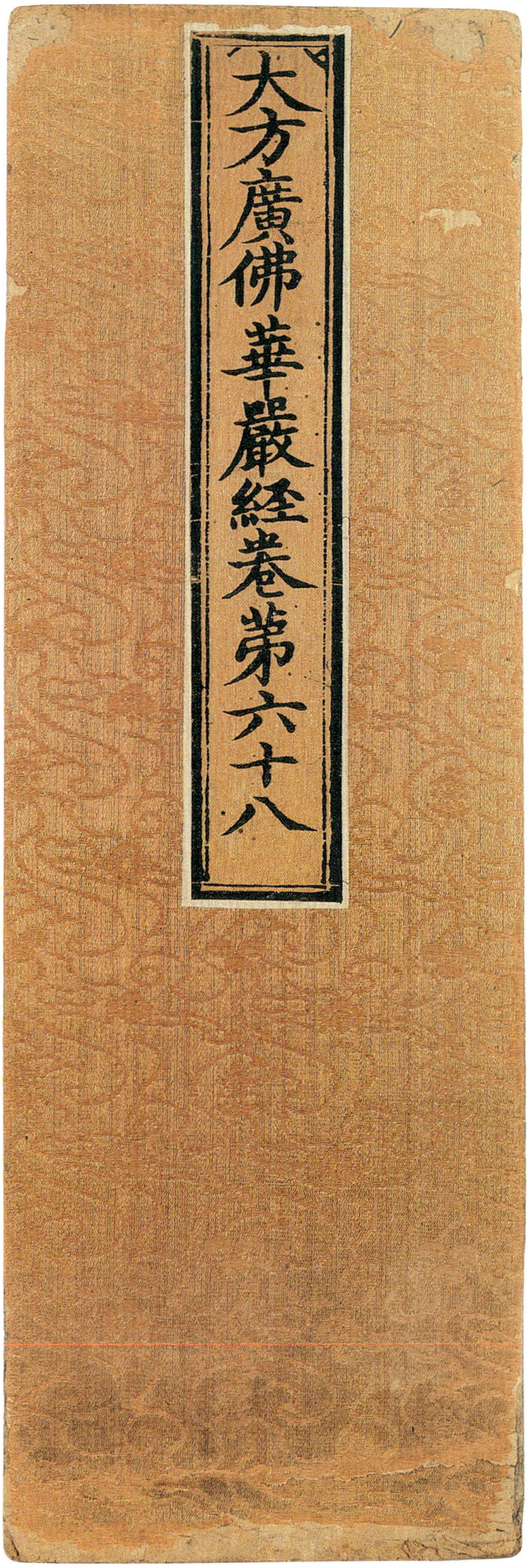

2.114 木红地杂宝流云暗花缎

纵：35cm，横：12cm

图案为暗花流云纹，流云是线形构图，线条弯曲盘绕，表现出云流动的、飘忽不定的特点。杂宝纹的造型非常小，点缀于流云纹之间。

2.115 绿地落花流水暗花缎

纵：35.5cm，横：12cm

图案循环：经向 4cm，纬向 4.2cm

图案主题为落花流水，水纹图案化，水波的形状和排列方式象一片片鱼鳞，水纹之上是自由散点排列的朵花。

2.116 木红地落花流水棉锦

纵：34cm，横：12cm
图案循环：经向 12cm，纬向 6cm

木红地以多种色彩织落花流水纹。流水纹程式化，既有对波纹的表现，又有对水花的描绘。水纹之上是自由散点排列的朵花，有粉色、蓝色、绿色几种。图案富于动感和节奏。

2.117 粉红地落花流水闪缎

纵：34cm，横：12cm

粉色地上织蓝绿色花纹，图案的主题为落花流水，线条状的水波纹曲曲折折，水波之上飘浮着朵花，或五瓣，或八瓣。这种纹样以左右连续、上下重复的波浪纹为背景纹样，以散点式的朵花为主纹，把连续纹样与散点纹样有机地组合起来。

2.118 香色地水纹暗花绸

纵：35.6cm，横：12.4cm

图案循环：经向 4cm

图案为暗花，水纹比较图案化，为连弧形线条。

2.119 香色地鱼荷花鸟暗花绸

纵：35.6cm，横：12.4cm

这件经皮装饰的是比较少见的水景纹样，它是具有一定写实风格的鱼荷花鸾纹。一段段单线条水波断断续续，荷花亭亭玉立，一对对肥美的鲶鱼在水中自由的游着，鹭鸶或拍打翅膀在水面嬉戏，或展翅伸腿而飞。

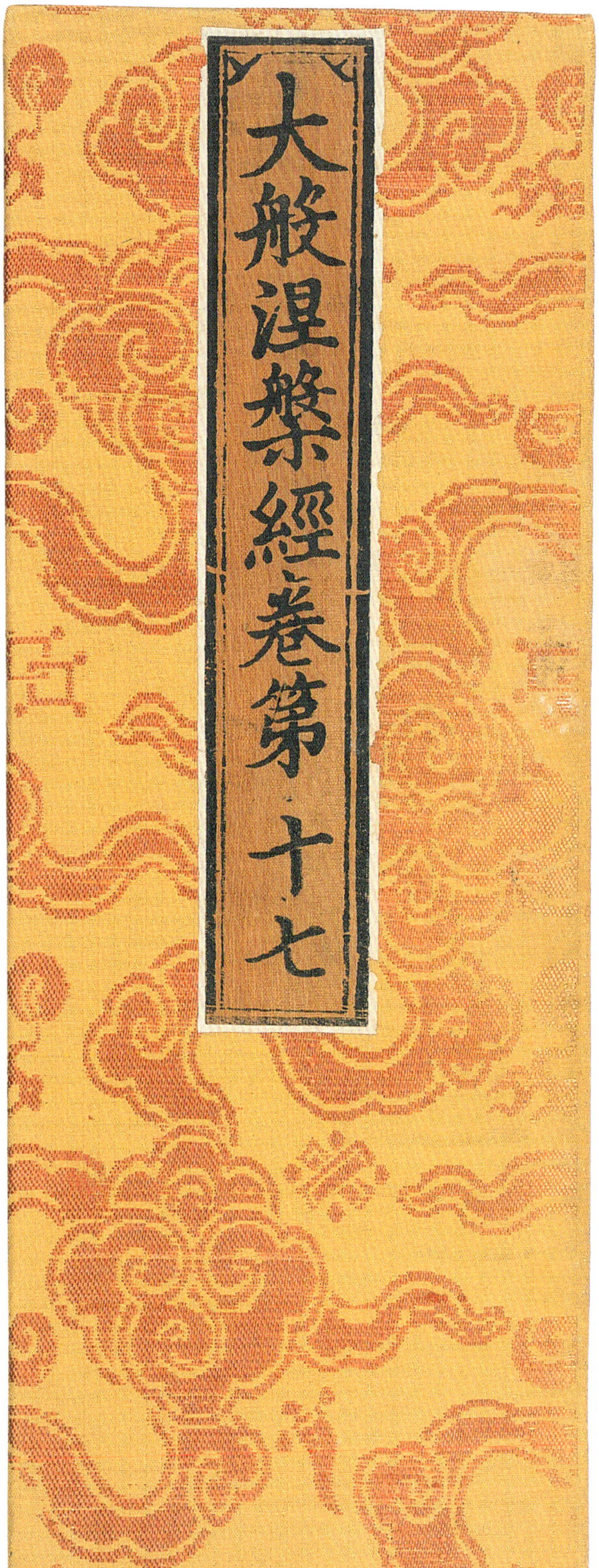

2.120 明黄地四合如意杂宝连云两色缎

纵：34cm，横：12cm

图案循环：经向 18cm，纬向 11cm

明黄地以鲜艳的红色织连云纹，云纹斜向延伸，连云之间可见古钱、方胜、火珠、犀角等杂宝符号，纹样主次分明，色彩纯净明快。

2.121 茶绿地四合如意朵云杂宝潞绸

纵：33cm，横：12cm

图案循环：经向 17cm

图案中的四合如意朵云造型颇具个性，其作规则散点式排列，空地上填入方胜、灵芝、锭、鼓板等杂宝图案，纹样既严整规矩，又不失活泼。

2.122 大红地火焰云杂宝两色纱

纵：33cm，横：11.9cm

图案循环：经向 9.1cm

大红地上以天蓝色织出花纹，火焰云纹呈散点式排列，相邻的火焰云方向相异，隔行对齐相同，火焰云之间填充的杂宝纹排列比较密集，使纹样于整齐有序中透出活泼的生气。

2.123 香黄地折枝莲两色缎

纵：34cm，横：12cm

图案循环：经向 25.2cm

香黄地上织浅绿色折枝莲花，莲花成熟饱满，两两相错有序排列，一火珠纹见于两枝莲花之间。

2.124 木红地曲水杂宝纹暗花缎

纵：34.6cm，横：12.1cm

图案循环：经向 10cm，纬向 5cm

图案以曲水纹为地纹，杂宝符号呈散点排列。

2.125 红地菱格杂宝加金锦

纵：35cm，横：12.1cm

图案循环：经向 15.5cm，纬向 11cm

图案为杂宝纹与几何纹的组合纹样。在排列规整的菱格内，填充色彩各异的杂宝符号，加入金线使多彩的装饰更增强了华丽的效果。

2.126 **虾灰地杂宝卐字暗花罗**

纵：35.5cm，横：12cm

图案循环：经向 12.3cm

虾灰色地上织红色纹样。图案的地纹以菱格纹为骨骼，内填卐字符号，杂宝纹呈散点排列，纹样规矩中不失变化。

2.127 墨绿地杂宝纹暗花缎

纵：33cm，横：12cm

以独立的杂宝纹作为装饰纹样的经皮数量很少，杂宝纹的各个符号造型较大，对于吉祥的向往或追求的意味远浓于其产生的装饰效果。

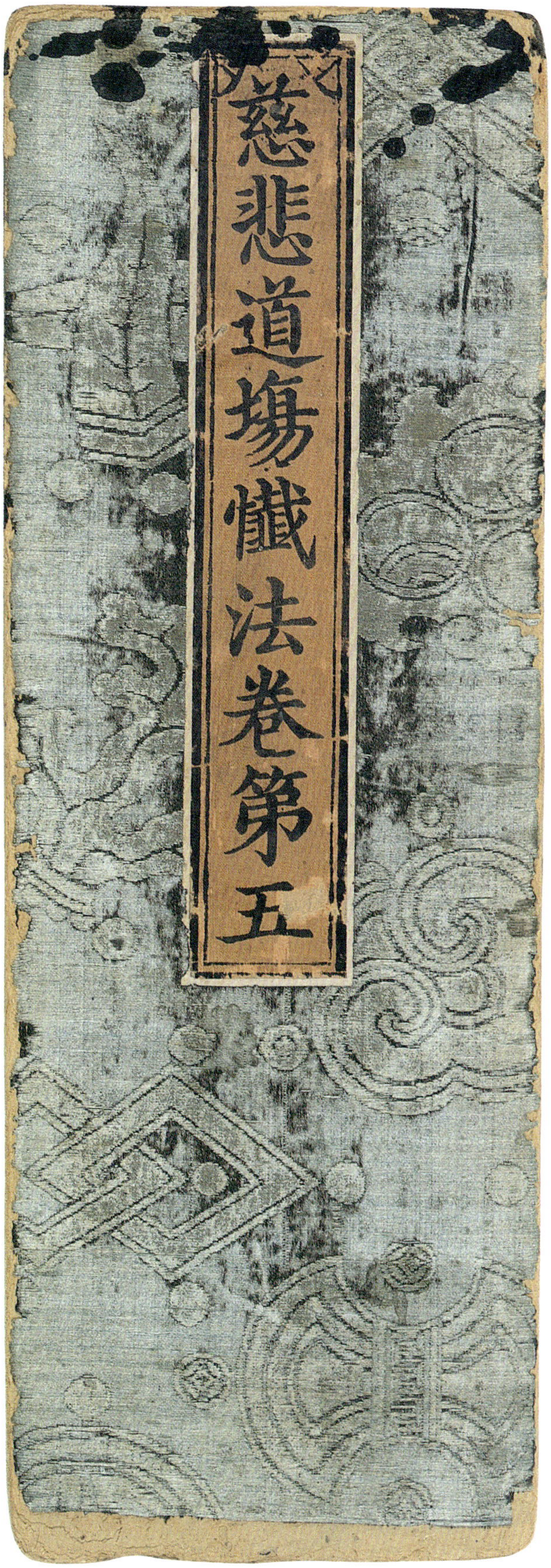

2.128 大红暗花地团杂宝纹两色缎

纵：34cm，横：12cm

图案循环：经向 15.9cm

大红地上织黄色花纹。图案以团八宝纹为单位纹作散点式布局，团花的轮廓由拱卫灵芝的犀角构成，内填火珠、古钱、方胜、珊瑚等，色彩鲜艳浓重，风格富丽。

2.129 绛紫地缠枝莲宝相花八吉祥两色缎

纵：36.5cm，横：12.2cm

绛紫色地上织柳绿色莲花与宝相花，金鱼、盘长、宝瓶、法螺填充于花朵之间空地上，色彩庄重而不失活力。

2.130 蓝灰地缠枝莲托八吉祥纹暗花缎

纵：35.4cm，横：12.2cm
图案循环：经向 10cm

图案为暗花，主题纹样莲托八吉祥纹，八吉祥是藏传佛教的符号纹样，包括法螺、法轮、宝伞、白盖、莲花、宝瓶、金鱼、盘长。图案虽为缠枝花式，但主茎线对各单位纹的连缀作用略微减弱，主茎对花头的缠绕更为突出，纹样有满地铺陈之感。

2.131 菱格卍字地八吉祥暗花纱

纵：35cm，横：12cm
图案循环：经向 9cm

图案为暗花，以菱格卍字纹为地纹，八吉祥符号做散点排列，地纹的巧妙运用，使图案层次分明，疏密相映。

2.132 藏蓝地缠枝牡丹八吉祥两色缎

纵：34cm，横：12cm

这件经皮与图版33相似，或为同一材料的不同部分，相互结合起来看可以对原材料有更多认识。图案中可见主纹牡丹与莲花的局部，主纹之外的空地上，填充盘长、法轮和犀角纹等符号。

2.133 藏蓝地缠枝牡丹八吉祥两色缎

纵：34cm，横：12cm

藏蓝色地上以木红织出花卉纹。主纹为缠枝牡丹和莲花纹，杂宝纹和八吉祥的某些符号填充于主纹之外的空地上，如法轮、火珠、犀角、双鱼纹等。图案风格稳重大气。

2.134 明黄地杂宝八吉祥两色缎

纵：35cm，横：12cm

图案循环：经向 10.5cm

明黄地上以浅绿色织出花纹，图案由杂宝纹的八个符号与八吉祥的各个符号构成，纹样横成行，纵成列。单位纹样由四组 16 个符号构成，四组符号分别是：双鱼、古钱、海螺和火珠；犀角、盘长、灵芝和宝瓶；莲花、鼓板、火轮和犀角；银锭、宝瓶、方胜和宝伞。每一列以一组符号为单位重复出现。

2.135 绛色地寿字纹潞绸

纵：33cm，横：11.9cm

图案循环：经向 9.5cm，纬向 11cm

绛色地上织绿色寿字纹，这种以寿字作为装饰图案的经皮较多。图案以米字为骨式，纵向和横向均错开排列。

2.136 沉香地寿字潞绸

纵：33.1cm，横：12cm

图案循环：经向 9.5cm，纬向 11cm

沉香地织绿色寿字纹。图案以独立的寿字构成，寿字为繁体楷书，两两相错。这样的经皮子较多，共有 108 件。

2.137 酱色地四合云团寿锦

纵：33cm，横：12cm

酱色地上织米白色花纹。图案以几何纹为骨骼，圆内填篆书寿字，周围环以四朵如意云纹，寿字与如意云纹组合成的图案，寓意长寿如意。

2.138 木红地灵芝寿字纹两色绸

纵：33cm，横：11.8cm

图案循环：经向 17.5cm，纬向 11cm

木红地上织黄色灵芝寿字纹。图案以灵芝托寿字为单位纹，横向和纵向均错开排列，主纹之外的空地上填卍字，图案具有浓厚的长寿寓意，红地黄花的热烈风格与之十分相称。

2.139 木红地万寿两色绸

纵：35cm，横：12cm
图案循环：经向 17cm

木红地上织黄色纹样，双桃托一个寿字，桃叶在两侧环抱寿字，桃纹上装饰卍字符号。寿字与桃子具有浓厚的长寿寓意。

2.140 绿地三多寿字双层锦

纵：32.8cm，横：11.8cm
图案循环：经向 19.5cm

绿色地上织黄色纹样，纹样包括石榴、桃子、柿子、带莲蓬的莲花和寿字。石榴皮开露子，寓意多子；桃子寓意长寿，寿字更加深了这种含义；莲花寓意吉祥，柿子与事谐音，寓意事。这些吉祥纹样组合在一起表达了事事吉祥，多子多寿的含义。

2.141 大红地年年福寿加金缎

纵：35cm，横：12.2cm

大红地暗花缎上以金线织出寿字，暗花纹样由葫芦、鲶鱼、梅花等构成，鲶鱼的鲶字与“年”谐音，葫芦与“福禄”谐音，图案表达了年年福禄寿的含义。

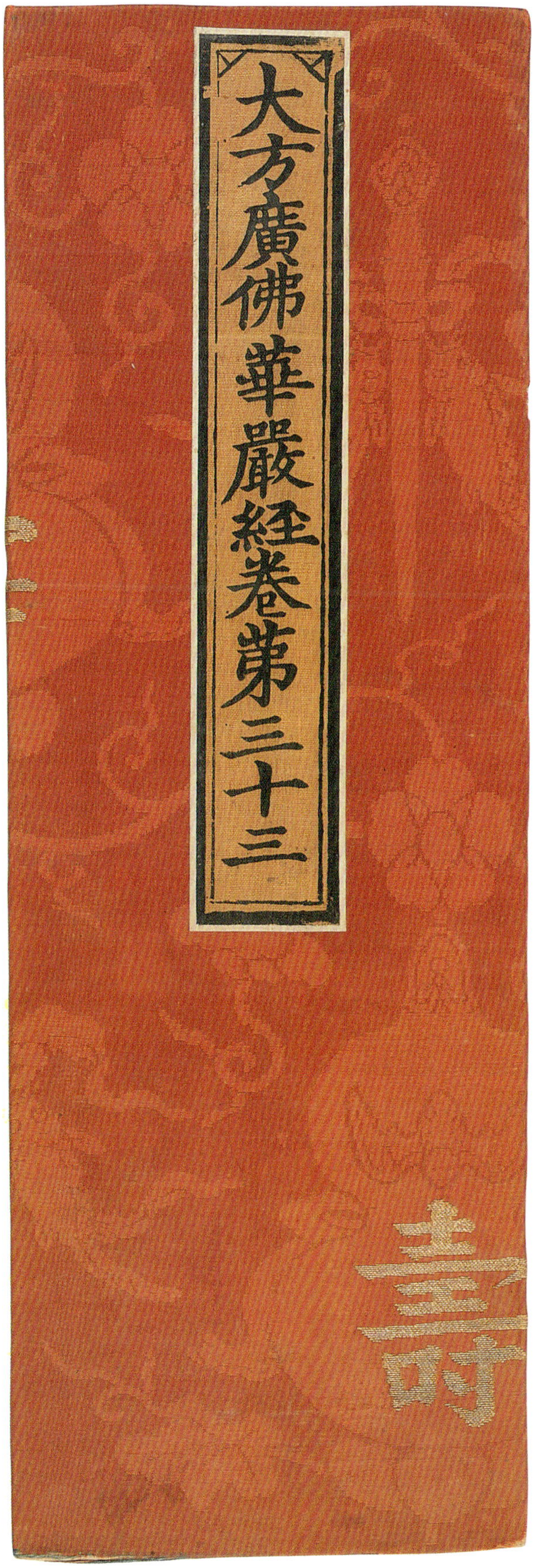

2.142 绿地缠枝宝相花寿字织金缎

纵：37cm，横：12.2cm

绿色地上以金线织花纹。主题纹样为宝相花，宝相花之间的空地上填饰寿字。图案风格华美俗丽。

2.143 茶绿地折枝花卉卐字暗花绫

纵：35cm，横：12.2cm

图案循环：经向 7.8cm，纬向 6.3cm

茶绿地上以同样的色彩织折枝花卉。图案由单朵折枝梅和双朵折枝梅构成主题纹样，单朵折枝花之间点缀小朵花，双朵折枝花之间点缀卐字，纹样于严整中透出一些变化，风格清新雅致。

2.144 蓝灰地折枝花果纹暗花绫

纵：34.6cm，横：12cm
图案循环：纬向 6.5cm

图案为暗花，折枝桃和折枝石榴之间的空地上均点缀五个卍字，以其中的一个卍字为中心，其余的四个卍字若位于一个正方形的四个顶点，卍字的排列还是颇为讲究的。

2.145 红地平安大吉葫芦纹潞绸

纵：33cm，横：12cm

图案循环：经向 9.5cm，纬向 9.5cm

紫红色地织黄色缠枝花。图案为散点式排列，单位纹巧妙的以带叶茎的葫芦为依托，以四字吉语的方式表达吉祥的祝愿或追求，红地黄花更增添了温暖的气氛。

2.146 **灰绿地万寿平安葫芦灯笼潞绸**

纵：33.3cm，横：11.8cm

图案循环：经向 18.5cm，纬向 11.5cm

灰绿地上织红色灯笼纹。灯笼纹按米字骨骼呈散点式排列，“万寿平安”四字吉语分两组装饰于灯笼纹的主体部分，图案洋溢着浓厚的吉祥气氛。

2.147 木红地缠枝花婴戏牡丹莲卐字棉锦

纵：33.8cm，横：12cm
图案循环：纬向 10cm

木红地上，黄色丝线织勾连万字地纹，多种彩色丝色织主题纹样婴戏牡丹莲。童子题材体现了传统中国农业社会对延续子嗣的重视，对子孙满堂的期盼。图案中有几个姿态不同的婴孩，有的执莲茎回望，有的注视手中的莲花，莲为多子植物，婴戏莲纹有企求子孙兴旺的吉祥含义。

2.148 绛紫地折枝花童子骑羊两色缎

纵：34.8cm，横：12cm
图案循环：经向 24.3cm

绛紫色地上织绿色花纹，骑羊的童子穿着厚厚的棉衣，戴着毛绒绒的暖帽，肩扛挂着鸟笼的梅枝，骑羊穿行在茶花、梅花等之间，梅与鸟可以报春，羊与阳音相谐，图案有童子报春的寓意。

2.149 茶绿地八角灯笼纹潞绸

纵：33cm，横：12cm

图案循环：经向 15.2cm

茶绿地上织暗红色灯笼纹，灯笼的主体部分呈八边形，两侧有飘带状流苏，灯笼顶部似华盖。灯笼纹以米字为骨骼，纵向和横向均错开排列，布局严整规则。

2.150 墨绿地灯笼纹两色绸

纵：35.2cm，横：12.2cm

图案循环：经向 9.5cm，纬向 6cm

墨绿地织浅绿色灯笼纹，椭圆形灯笼纹与八角形灯笼纹很相似，区别在于椭圆形灯笼纹的轮廓线和内部分界线变成弧线形。灯笼纹纵向两两相错，排列整齐有序。

2.151 木红地灯笼纹两色锦

纵：36cm，横：12cm

木红地织黄色灯笼纹。圆形灯笼的主体呈圆形，圆心部位装饰朵花，流苏若珠链状；长方形灯笼造型比较简单，以图案化的莲花莲叶为饰。四个圆形灯笼纹呈向心式排列，圆形灯笼之间装饰长方形灯笼。

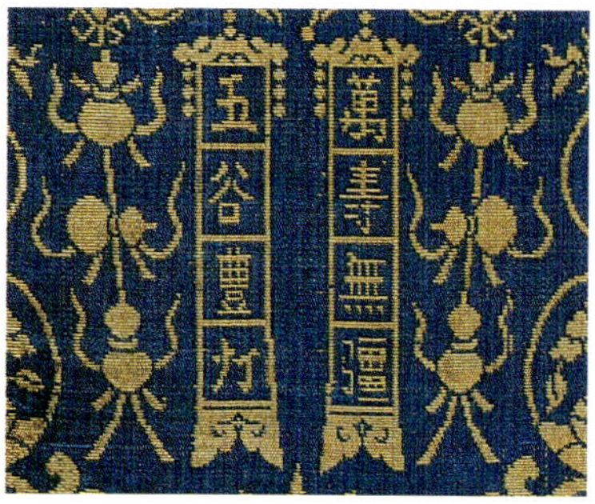

2.152 蓝地葫芦灯笼纹双层锦

纵：34cm，横：12.1cm

图案循环：经向 27cm，纬向 11.5cm

蓝色地上织黄色灯笼纹。主花灯笼按井字骨骼排列，小纹样折枝花填入主花之间的空地上。灯笼杆为龙形，除串葫芦形流苏外，龙杆上还垂下四字吉祥语条带，主体纹样之外的空地上装饰以灵芝花为主花的花束，葫芦内填表达吉庆寓意的符号。

2.151 木红地灯笼纹两色锦

纵：36cm，横：12cm

木红地织黄色灯笼纹。圆形灯笼的主体呈圆形，圆心部位装饰朵花，流苏若珠链状；长方形灯笼造型比较简单，以图案化的莲花莲叶为饰。四个圆形灯笼纹呈向心式排列，圆形灯笼之间装饰长方形灯笼。

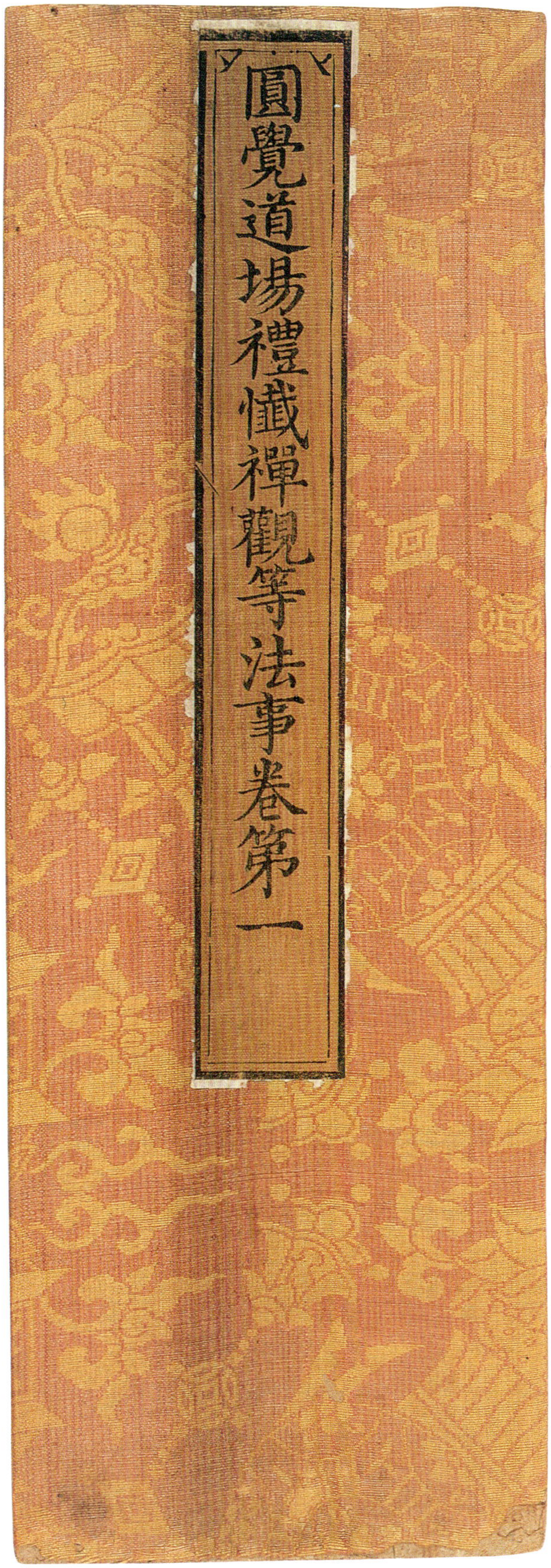

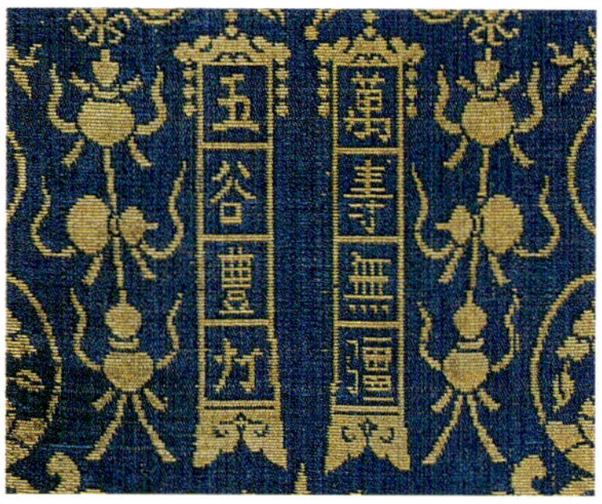

2.152 蓝地葫芦灯笼纹双层锦

纵：34cm，横：12.1cm
图案循环：经向 27cm，纬向 11.5cm

蓝色地上织黄色灯笼纹。主花灯笼按井字骨骼排列，小纹样折枝花填入主花之间的空地上。灯笼杆为龙形，除串葫芦形流苏外，龙杆上还垂下四字吉祥语条带，主体纹样之外的空地上装饰以灵芝花为主花的花束，葫芦内填表达吉庆寓意的符号。

2.153 大红地灯笼纹暗花缎

纵：35cm，横：12cm

大红地上织暗花灯笼纹。图案由八角形灯笼纹和圆形灯笼纹构成，灯笼主体部分分成若干几何图形，内填不同纹样，灯笼旁有蜜蜂纹。图案色彩艳丽，充满喜庆。

2.154 绿地牡丹永安瓶八宝潞绸

纵：34.5cm，横：12.3cm

图案循环：经向 7.2cm，纬向 8.8cm

绿色地上织红色纹样。图案由瓶、牡丹花、文字和杂宝构成。瓶颈系飘带，飘于瓶之两侧，使器物图案于庄重中显出飘逸和潇洒；瓶的上下和两侧点缀珊瑚、银锭、方胜等杂宝符号；牡丹花较为图案化，象征富贵，与瓶的纹样相错排列，图案充满浓郁的平安富贵寓意，更以“永安”二字强化对吉祥的期待。

2.155 酱色地菱格花卉纹棉锦

纵：34cm，横：12cm

酱色地以多色丝线织出图案，图案为菱形排列，以连续回纹交织成菱形格，在菱形格的四个顶点上装饰小朵花，使延展的线条具有跳跃般连续的特点。菱形格内填朵花和折枝灵芝，朵花呈正面放射状，六瓣花，花瓣有一种旋转的感觉。图案布局规整而不失变化。

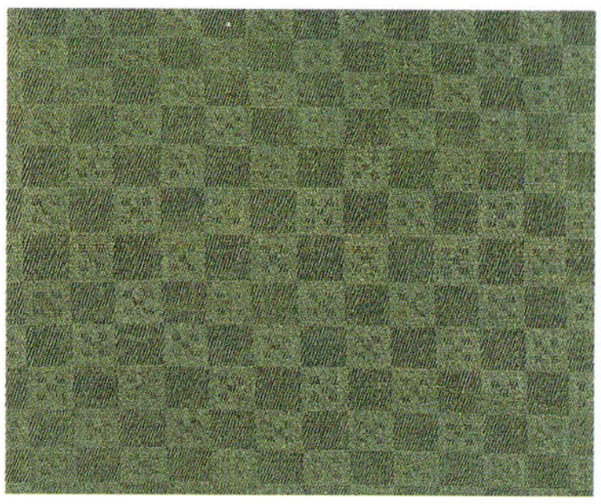

2.156 绿地方棋朵花暗花绸

纵：34.8cm，横：11.7cm

图案循环：经向 2cm，纬向 0.7cm

图案以连续的方格为骨骼，方格很小，相邻方格在色彩对比的基础上，再填入朵花纹，使格子纹错落有致，规矩中不乏变化。这种图案在馆藏经皮中比较少见。

2.157 米色地方棋纹暗花绸

纵：34.8cm，横：11.8cm

图案循环：经向 9.5cm，纬向 9.5cm

方棋纹是“格中套格”的样式，相邻方格内一填规则散点式排列的朵花，另一格内再套方棋纹，相邻方格往往形成鲜明的对比，从而使图案既规矩整齐，又不失变化。

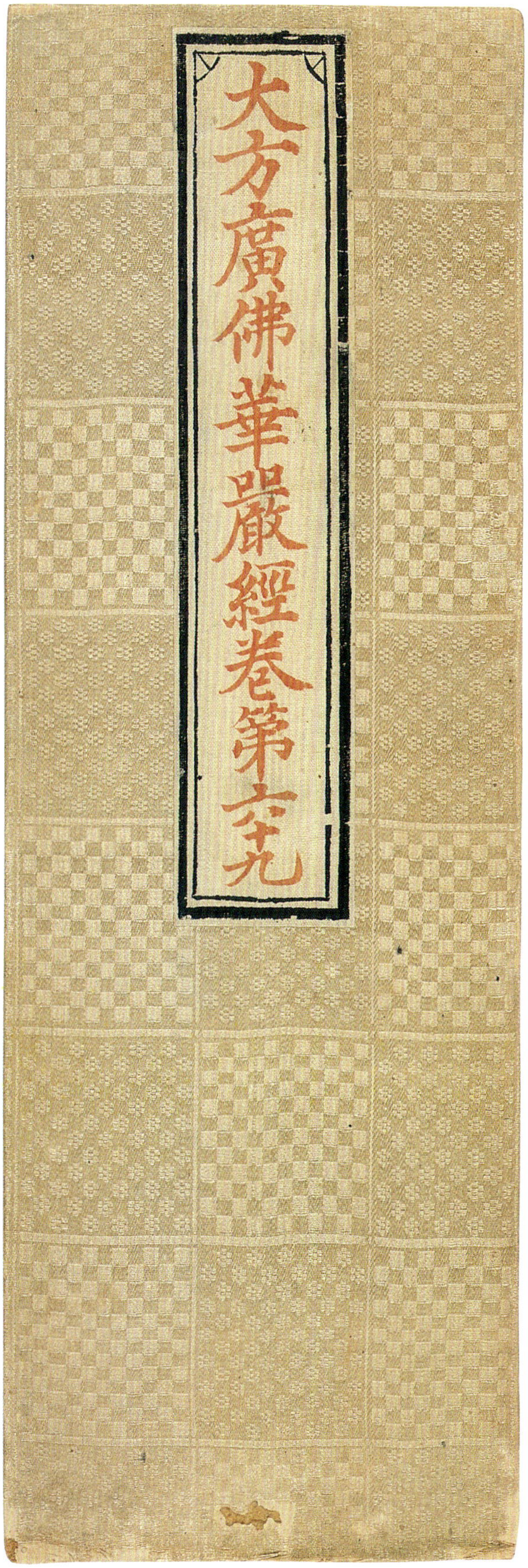

2.158 **大红地方棋团龙团凤纹织金锦**

纵：37cm，横：13.4cm

图案循环：纬向 11cm

图案为锦地开光式，方棋纹地上作瓣窠开光，内部填饰飞龙飞凤纹，龙凤均张大嘴，头相对，图案静中寓动，龙凤纹周围环绕折枝莲和灵芝纹，这些纹样造型很小。

2.159 木红地曲水杂宝纹两色缎

纵：34.5cm，横：12.1cm

木红地上以墨绿色丝线织花纹，图案基本为锦地开光式，勾连万字纹上留出空白，填入杂宝符号，每行符号相同。勾连万字纹与通常所见的细密风格不同，显得疏朗洒脱，与布局规矩的杂宝纹倒也十分相和。

2.160 **烟色地缠枝花卉团凤纹两色缎**

纵：34.5cm，横：12cm

烟色地上织淡绿色纹样，图案以勾连万字纹为地纹，其上装饰团凤及缠枝莲、菊、梅、山茶花，应是凤穿花图案的变体。花卉不是严格意义上的缠枝花式构图，主茎并非依次绕过所有花头，菊花与梅花串联于主茎线上，有一种串枝花的感觉，但主茎线又局部缠绕莲花与山茶花。图案风格比较淡雅别致。

2.161 米黄地锁纹动物纹匣锦

纵：34cm，横：12cm

图案循环：经向 7.3cm，纬向 3.1cm

以银线织出锁纹为地，主纹为六瓣团窠动物纹，两两相错排列，相邻两行动物的头向相异，使主纹于规矩的排列中有所变化。

2.162 绿地四答晕团寿纹双层锦

纵：33.1cm，横：12cm

图案为几何排列，骨式由圆形和方形组成，圆形内填寿字，圆形周围环绕如意云纹或灵芝纹，圆形之间为方形，内填朵花纹，图案表达长寿如意的含义。

2.163 大红地八角朵花天华锦

纵：29.4cm，横：11.2cm

大红地上织彩色几何纹。凡圆形四周有骨架线向四个方向相连的称四答晕，四答晕若不留明显骨架线就为天华锦。这件天华锦的图案以六边形为单位纹构成四方连续图案，六边形内填折枝花或朵花。

2.164 木红地盘绦纹莲花棉锦

纵：33cm，横：12cm

木红地上以多种色彩的丝线织盘绦纹。盘绦纹是以几何线条相互勾连而成的骨骼，内填适合纹样，这批标本中有13件经皮装饰盘绦纹。这件经皮的盘绦纹内填白茎蓝色莲花，花的蓝色线条靠近盘绦纹的蓝色边线，白色花茎靠近白线条构成的盘绦纹的白色边线，色彩的运用可谓匠心独具。

2.165 木红地盘绦纹牡丹加银棉锦

纵：33.5cm，横：12cm

这件经皮与图版2.164极相似，或为同一材料的不同部分，两件结合起来看，可以欣赏到其用色的巧妙。图案以不同色彩的线条相互勾连穿插，从而形成填充纹样的大小空间，填充花纹与其相邻的盘绦纹线条在色彩上相互呼应，比如，绿叶靠近绿色绦线，红花的周围是红色绦线，蓝花靠近蓝色绦线等。

2.166 木红地鱼鳞纹暗花绸

纵：35cm，横：12cm
图案循环：经向 0.7cm，纬向 0.7cm

木红地上以同样色彩的丝线织鱼鳞纹，弧形鱼鳞纹交错相搭，规矩整齐，呈波状延续。

2.167 **柳绿地鳞纹蟠螭暗花绫**

纵：33.7cm，横：12cm

图案循环：经向 6.5cm，纬向 5.2cm

鱼鳞纹为地纹，主纹为螭纹，装饰于菱花形开光内，这种纹样的经皮很少。

2.168 明黄地胡椒眼纹暗花绫

纵：34.8cm，横：12.1cm

图案循环：经向 1cm，纬向 1.7cm

以黄色丝线织出地纹与胡椒眼纹，形成暗花的效果。胡椒眼纹造型很小，若眼睛，排列较为密集，给人一种细碎感。

2.169 柳绿地胡椒眼纹暗花绫

纵：35cm，横：12.3cm

图案循环：经向 2cm，纬向 1.1cm

胡椒眼纹的特点是纹样小，若眼睛，排列的比较稀疏。有 3 件经皮子都以此作为主题纹饰。

2.170 石青地莲花“中顶禅院”闪缎

纵：33.5cm，横：13cm

石青地莲花“中顶禅院”两色绸经皮，图案正中的瓣窠内，自上而下纵向填“中顶禅院”四个字，以这四个字为轴线左右装饰莲花纹和八吉祥符号，上下各有一朵莲花遥相呼应，框内四角各有一字，连在一起是“江山一统”。

叁·品种篇

3.1 蓝绿地杂宝暗花缎

纵：35cm，横：12cm

经线：蓝绿色，Z 强捻，直径 0.1mm，密度 100 根 /cm

纬线：蓝绿色，无捻，双股并用，直径 0.1×2mm，密度 50 根 /cm

地组织：五枚二飞经面缎；纹组织：五枚二飞纬面缎。

3.2 明黄地龙凤穿四季花卉暗花缎

纵：33.7cm，横：11.7cm

经线：明黄色，Z 弱捻，直径 0.07mm，密度 135 根 /cm

纬线：明黄色，无捻，双股并用，双股直径 0.09×2mm，密度 57 根 /cm

地组织：五枚二飞经面缎；纹组织：五枚二飞纬面缎。

3.3 明黄地四合如意朵云团龙暗花缎

纵：32.8cm，横：12.8cm

经线：明黄色，由两股S弱捻丝线再Z弱捻组成一股较粗的丝线，直径0.1mm，密度135根/cm

纬线：明黄色，S弱捻，三股并用，直径 0.07×3mm，密度48根/cm

地组织：五枚二飞经面缎；纹组织：五枚二飞纬面缎。

3.4 灰蓝地如意连云暗花缎

纵：34.2cm，横：12.2cm

经线：灰蓝色，S强捻，直径0.1mm，密度104根/cm

纬线：灰蓝色，S强捻，双股并用，直径0.11×2mm，密度38根/cm

地组织：五枚二飞经面缎；纹组织：五枚二飞纬面缎。

3.5 明黄地火焰云杂宝暗花缎

纵：35cm，横：12.4cm

经线：明黄色，Z 强捻，直径 0.08mm，密度 135 根 /cm

纬线：明黄色，Z 弱捻，双股并用，直径 0.08×2mm，密度 52 根 /cm

地组织：五枚二飞经面缎；纹组织：五枚二飞纬面缎。

3.6 绿地四合如意朵云暗花缎

纵：35.4cm，横：12.4cm

经线：绿色，S 弱捻，直径 0.07mm，密度 122 根 /cm

纬线：绿色，S 强捻，双股并用，直径 0.11×2mm，密度 38 根 /cm

地组织：五枚二飞经面缎；纹组织：五枚二飞纬面缎。

3.7 酱色地缠枝花暗花缎

纵：35cm，横：12cm

经线：酱色，Z 强捻，直径 0.07mm，密度 149 根 /cm

纬线：酱色，无捻，直径 0.21mm，密度 54 根 /cm

地组织：五枚二飞经面缎；纹组织：五枚二飞纬面缎。

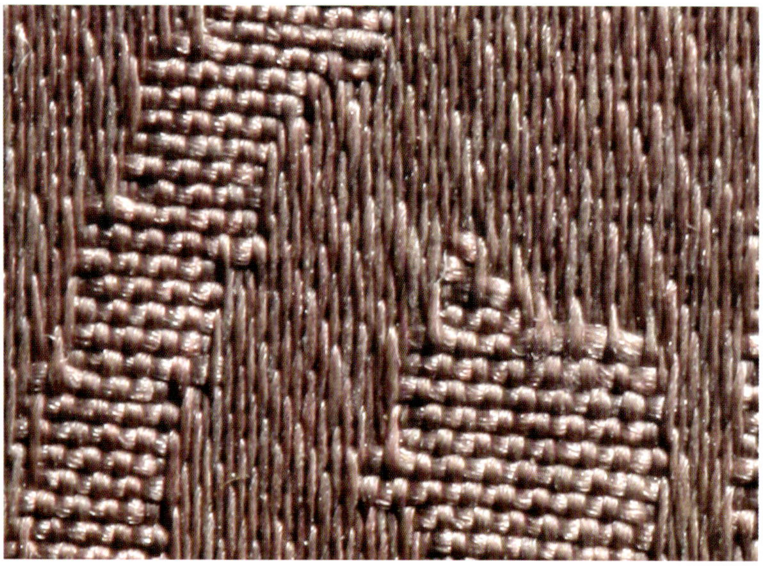

3.8 月白地折枝花卉暗花缎

纵：35cm，横：12cm

经线：月白色，Z 弱捻，直径 0.11mm，密度 101 根 /cm

纬线：月白色，无捻，直径 0.22mm，密度 40 根 /cm

地组织：五枚二飞经面缎；纹组织：五枚二飞纬面缎。

3.9 蓝灰地缠枝花卉纹暗花缎

纵：35.2cm，横：12.2cm

经线：蓝灰色，S 强捻，直径 0.07mm，密度 132 根 /cm

纬线：蓝灰色，S 强捻，双股并用，直径 0.14×2mm，密度 45 根 /cm

地组织：五枚三飞经面缎；纹组织：五枚三飞纬面缎。

3.10 绿地缠枝莲暗花缎

纵：34.6cm，横：12.2cm

经线：绿色，S 强捻，直径 0.08mm，密度 132 根 /cm

纬线：绿色，无捻，双股并用，直径 0.08×2mm，密度 56 根 /cm

地组织：五枚三飞经面缎；纹组织：五枚三飞纬面缎。

3.11 鹅黄地四合如意连云杂宝暗花缎

纵：35cm，横：12.4cm

经线：鹅黄色，Z 强捻，直径 0.06mm，密度 133 根 /cm

纬线：鹅黄色，Z 弱捻，三股并用，直径 0.06×3mm，密度 42 根 /cm

地组织：五枚三飞经面缎；纹组织：五枚三飞纬面缎。

3.12 明黄地缠枝莲鹤暗花缎

纵：35cm，横：12cm

经线：明黄色，S 弱捻，直径 0.08mm，密度 132 根 /cm

纬线：明黄色，无捻，双股并用，直径 0.1×2mm，密度 45 根 /cm

地组织：五枚三飞经面缎；纹组织：五枚三飞纬面缎。

3.13 明黄地折枝花杂宝暗花缎

纵：35.4cm，横：12cm

经线：明黄色，S 弱捻，直径 0.07mm，密度 127 根 /cm

纬线：明黄色，S 弱捻，双股并用，直径 0.11×2mm，密度 44 根 /cm

地组织：五枚三飞经面缎；纹组织：五枚三飞纬面缎。

3.14 木红地四合如意朵云暗花缎

纵：35.3cm，横：12cm

经线：木红色，S 弱捻，直径 0.07mm，密度 115 根 /cm

纬线：木红色，S 强捻，双股并用，直径 0.13×2mm，密度 35 根 /cm

地组织：五枚三飞经面缎；纹组织：五枚三飞纬面缎。

3.15 木红地四合如意连云暗花缎

纵：53.3cm，横：12cm

经线：木红色，S 强捻，直径 0.08mm，密度 127 根 /cm

纬线：木红色，S 弱捻，双股并用，直径 0.11×2mm，密度 48 根 /cm

地组织：五枚三飞经面缎；纹组织：五枚三飞纬面缎。

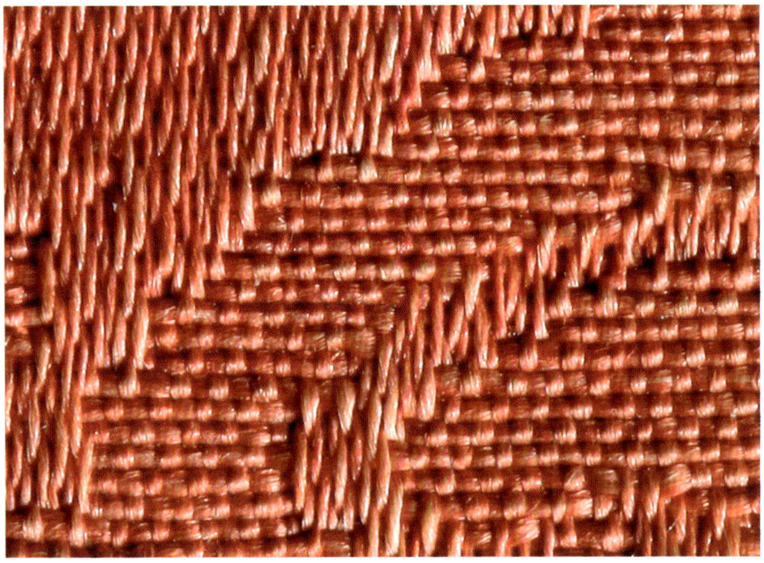

3.16 明黄地五湖四海暗花缎

纵：35cm，横：12.3cm

经线：明黄色，S 弱捻，直径 0.07mm，密度 154 根 /cm

纬线：明黄色，无捻，直径 0.18mm，密度 46 根 /cm

地组织：五枚三飞经面缎；纹组织：五枚三飞纬面缎。

3.17 灰色地方棋夔龙连钱纹暗花缎

纵：35.5cm，横：12.1cm

经线：灰色，Z 弱捻，直径 0.09mm，密度 132 根 /cm

纬线：灰色，Z 弱捻，直径 0.25mm，密度 34 根 /cm

地组织：五枚三飞经面缎；纹组织：五枚三飞纬面缎。

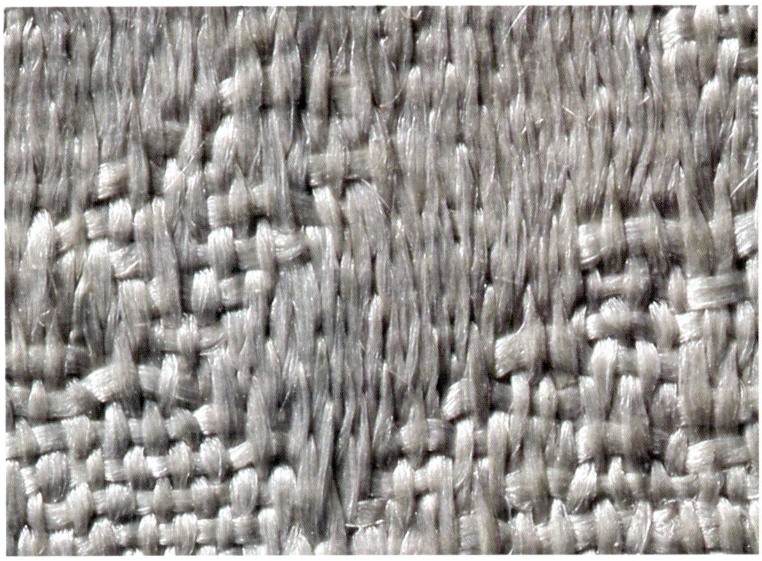

3.18 大红地宝相花暗花缎

纵：35cm，横：12.2cm

经线：大红色，Z 强捻，直径 0.06mm，密度 164 根 /cm

纬线：大红色，无捻，直径 0.27mm，密度 39 根 /cm

地组织：五枚三飞经面缎；纹组织：五枚三飞纬面缎。

3.19 柳绿地折枝莲杂宝暗花缎

纵：33.5cm，横：12cm

经线：丝，柳绿色，S 强捻，直径 0.07mm，密度 120 根 /cm

纬线：棉加丝，柳绿色，S 强捻，直径 0.27mm，密度 43 根 /cm

地组织：五枚三飞经面缎；纹组织：五枚三飞纬面缎。

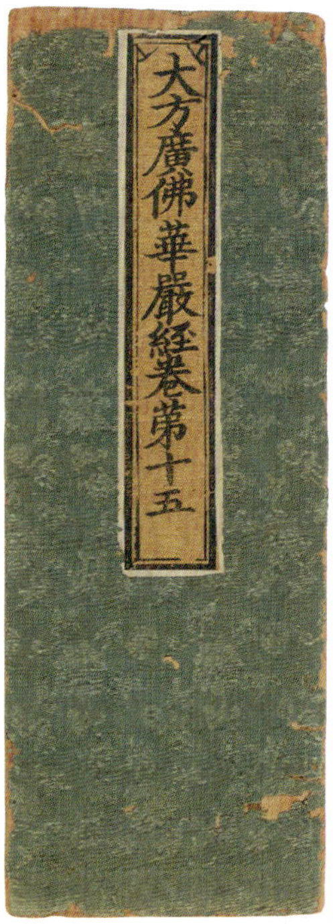

3.20 灰绿地折枝花卉八音闪缎

纵：33.7cm，横：12cm

经线：灰绿色，Z 强捻，直径 0.07mm，密度 135 根 /cm

纬线：黄色，无捻，直径 0.18mm，密度 40 根 /cm

地组织：五枚二飞经面缎；纹组织：五枚二飞纬面缎。

3.53 灰绿地平安竹潞绸

纵：35.4cm，横：12.3cm

经线：灰绿色，S 强捻，直径 0.08mm，密度 122 根 /cm

纬线：黄色，S 强捻，双股并用，直径 0.12×2mm，密度 32 根 /cm

地组织：五枚三飞缎；纹组织：2/8 Z 斜纹显花。

3.54 朱红地缠枝莲献宝织金绸

纵：35cm，横：12cm

经线：朱红色，Z 强捻，直径 0.19mm，密度 44 根 /cm

纬线：朱红色，Z 强捻，直径 0.2mm，密度 53 根 /cm，片金线直径 0.4mm，密度 20 根 /cm

地组织：1/2 S 斜纹；纹组织：1/ 3 S 斜纹。

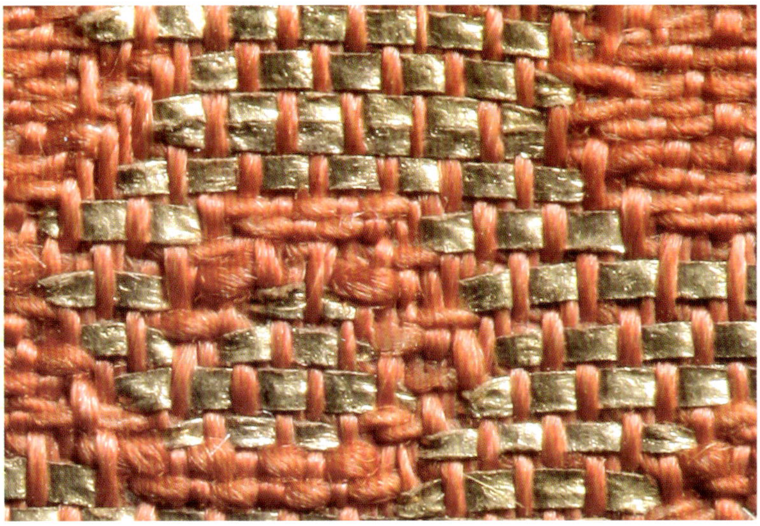

3.55 烟色地缠枝牡丹宝相花两色绸

纵：35cm，横：12.2cm

经线：烟色，Z 强捻，直径 0.12mm，密度 79 根 /cm

纬线：香色，Z 弱捻，直径 0.11mm，密度 60 根 /cm

地组织：2/1 Z 斜纹；纹组织：1/ 5 S 斜纹显花。

3.56 灰蓝地方棋连云灵芝桃两色绸

纵：34cm，横：12.2cm

经线：灰蓝色，S 强捻，双股并用，直径 0.05×2mm，密度 100 根 /cm

纬线：木红色，S 强捻，双股并用，直径 0.11×2mm，密度 39 根 /cm

地组织：2/1 Z 斜纹；纹组织：1/5 Z 斜纹显花。

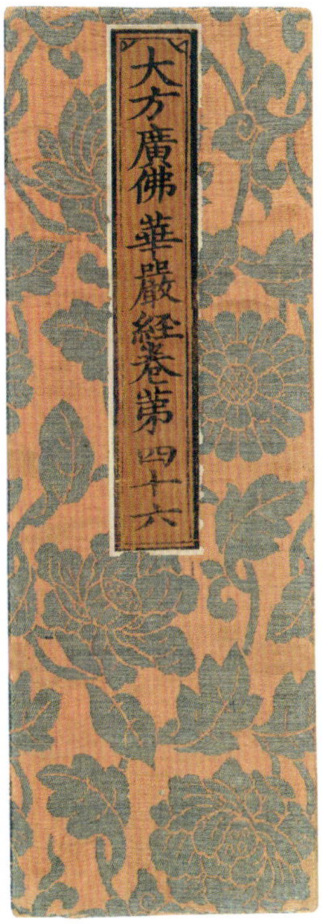

3.57 桃红地缠枝莲芙蓉两色绸

纵：35cm，横：12cm

经线：桃红色，Z 强捻，双股并用，直径 0.05×2mm，密度 97 根 /cm

纬线：桃红色，无捻，三股并用，直径 0.06×3mm，密度 35 根 /cm

纹纬：绿色无捻，直径 0.27mm，密度 30 根 /cm

地组织：2/1 Z 斜纹；纹组织：1/ 5 Z 斜纹显花。

3.58 明黄地缠枝芙蓉暗花绸

纵：35.3cm，横：12cm

经线：明黄色，S 强捻，直径 0.11mm，密度 91 根 /cm

纬线：明黄色，无捻，直径 0.17mm，密度 38 根 /cm

地组织：2/1 Z 斜纹；纹组织：1/ 5 Z 斜纹显花。

3.59 米色地方棋纹暗花绸

纵：34.8cm，横：11.8cm

经线：米色，无捻，直径 0.14mm，密度 93 根 /cm

纬线：米色，无捻，直径 0.28mm，密度 27 根 /cm

地组织：2/1 Z 斜纹；纹组织：1/2 Z 斜纹显花。

3.60 灰绿地曲水纹暗花绸

纵：35cm，横：12.2cm

经线：灰绿色，Z 强捻，直径 0.12mm，密度 93 根 /cm

地纬：灰绿色，Z 强捻，直径 0.16mm，密度 49 根 /cm

地组织：2/1 斜纹；纹组织：1/2 斜纹显花。

3.61 灰绿地如意朵云团龙暗花绸

纵：34.5cm，横：13.6cm

经线：灰绿色，Z 强捻，双股并用，直径 0.04×2mm，密度 111 根 /cm

纬线：灰绿色，无捻，双股并用，直径 0.15×2mm，密度 26 根 /cm

地组织：暗花织物，由 1/1 穿 1 根纬线及 1/1 穿 3 根纬线组成暗花地；

纹组织：纬二重同色提花织物，1/8 Z 斜纹显花。

3.62 灰绿地缠枝花卉暗花绸

纵：34.7cm，横：12.2cm

经线：灰绿色，Z 强捻，直径 0.07mm，密度 120 根 /cm

纬线：灰绿色，Z 弱捻，双股并用，直径 0.11×2mm，密度 44 根 /cm

地组织：3/2 S 斜纹；纹组织：2/8 S 斜纹显花。

3.63 桔黄地云鹤暗花绸

纵：34.5cm，横：12cm

经线：桔黄色，Z 强捻，直径 0.01mm，密度 130 根 /cm

纬线：桔黄色，无捻，直径 0.28mm，密度 33 根 /cm

地组织：3/2 S 斜纹；纹组织：2/8 Z 斜纹显花。

3.64 大红地缠枝花暗花绸

纵：35.5cm，横：12cm

经线：大红色，Z 强捻，直径 0.05mm，密度 114 根 /cm

地纬：大红色，无捻，直径 0.3mm，密度 30 根 /cm

纹纬：大红色，直径 0.3mm，密度 29 根 /cm

地组织：2/2 平纹；纹组织 1/8 Z 斜纹显花。

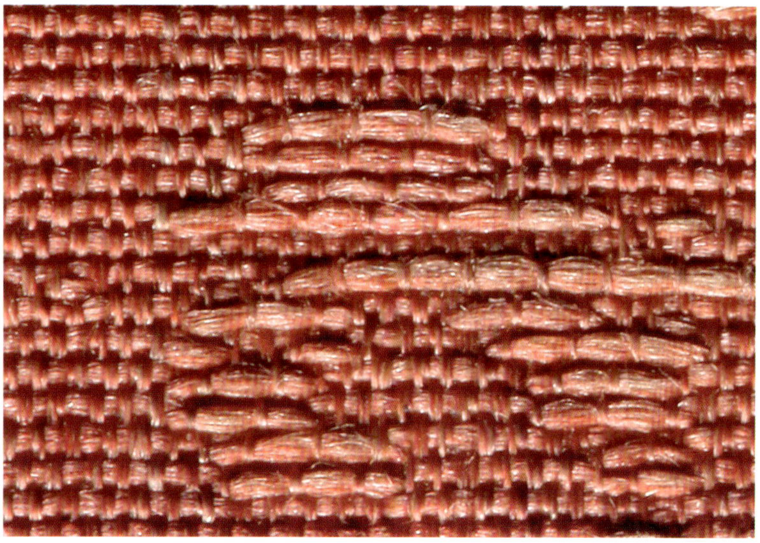

3.65 沉香地素小绸

纵：26.3cm，横：9.2cm

经线：沉香色，Z 弱捻，直径 0.13mm，密度 75 根 /cm

纬线：沉香色，Z 弱捻，直径 0.14mm，密度 63 根 /cm

组织：2/1 S 斜纹。

3.66 桔黄素小绸

纵：35cm，横：12.2cm

经线：桔黄色，单股 S 弱捻，再双股 Z 强捻，直径 0.13mm，密度 60 根 /cm

纬线：桔黄色，无捻，三股并用，直径 0.12×3mm，密度 25 根 /cm

组织：1/3 表面平纹。

3.67 柳绿地凤穿花卉暗花绢

纵：35cm，横：13cm

经线：柳绿色，无捻，直径 0.11mm，密度 96 根 /cm

地纬：柳绿色，无捻，直径 0.17mm，密度 30 根 /cm

纹纬：无捻，直径 0.32mm，密度 17 根 /cm

地组织：1/1 平纹；纹组织 :1/ 7 表面平纹的纬浮花。

3.68 绿地素绢

纵：34cm，横：12cm

经线：绿色，无捻，直径 0.37mm，密度 29 根 /cm

纬线：绿色，无捻，直径 0.61mm，密度 15 根 /cm

组织：1/1 平纹。

3.69 湖色地龙火焰云暗花罗

纵：33.5cm，横：11.3cm

经线：湖蓝色，Z 强捻，直径 0.07mm，密度 163 根 /cm

地纬：湖蓝色，Z 弱捻，双股并用，直径 0.07×2mm，密度 26 根 /cm

纹纬：湖蓝色，Z 弱捻，双股并用，直径 0.07×2mm，密度 14 根 /cm

地组织：经丝分甲、乙、丙、丁四种经丝，在每一奇数纬丝处作甲乙、丙丁二经绞扭，另在每偶数纬丝处作甲乙丙丁四经绞扭，形成横条罗纹地；

纹组织：纹纬每隔 7 根经线交织一次，织成表面平纹的纬浮花。

3.70 桔黄地如意云八吉祥暗花罗

纵：33cm，横：12cm

经线：桔黄色，Z 强捻，直径 0.1mm，密度 151 根 /cm

地纬：桔黄色，无捻，双股并用，直径 0.11×2mm，密度 20 根 /cm

纹纬：桔黄色，无捻，双股并用，直径 0.11×2mm，密度 16 根 /cm

地组织：经丝分甲、乙、丙、丁四种经丝，在每一奇数纬丝处作甲乙、丙丁二经绞扭，另在每偶数纬丝处作甲乙丙丁四经绞扭，形成横条罗纹地；

纹组织：纹纬每隔 7 根经线交织一次，织成表面平纹的纬浮花。

3.71 蓝色地折枝花杂宝暗花罗

纵：35.5cm，横：12.5cm

经线：蓝色，Z 强捻，直径 0.09mm，密度 159 根 /cm

地纬：蓝色，Z 强捻，直径 0.21mm，地纬纹纬总密度 28 根 /cm

纹纬：蓝色，有粗、细两组，间隔织入。粗纹纬 Z 弱捻，直径 0.25mm；细纹纬 Z 弱捻，直径 0.14mm.

地组织：经丝分甲、乙、丙、丁四种经丝，在每一奇数纬丝处作甲乙、丙丁二经绞扭，另在每偶数纬丝处作甲乙丙丁四经绞扭，形成横条罗纹地；

纹组织：纹纬每隔 7 根经线交织一次，织成表面平纹的纬浮花。

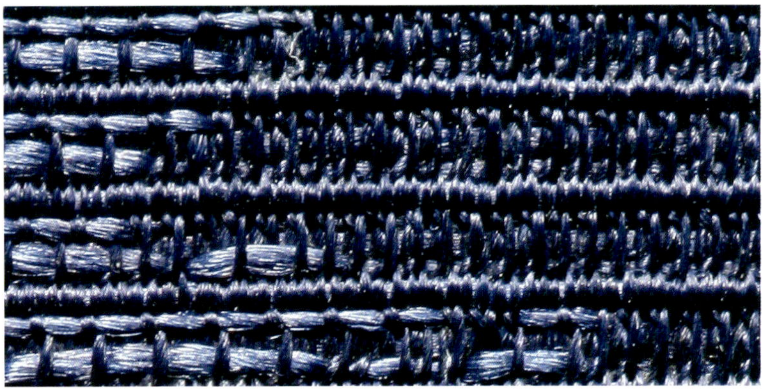

3.72 灰蓝地折枝花卉杂宝暗花罗

纵：35.5cm，横：12cm

经线：灰蓝色，Z 强捻，直径 0.1mm，密度 113 根 /cm

地纬：灰蓝色，Z 弱捻，双股并用，直径 0.11×2mm，密度 18 根 /cm

纹纬：灰蓝色，Z 弱捻，双股并用，直径 0.11×2mm，密度 13 根 /cm

地组织：纹纬每隔 7 根 /cm 经线交织一次，织成表面平纹的纬浮花；

纹组织：经丝分甲、乙、丙、丁四种经丝，在每一奇数纬丝处作甲乙、丙丁二经绞扭，另在每偶数纬丝处作甲乙丙丁四经绞扭，形成横条罗纹花。

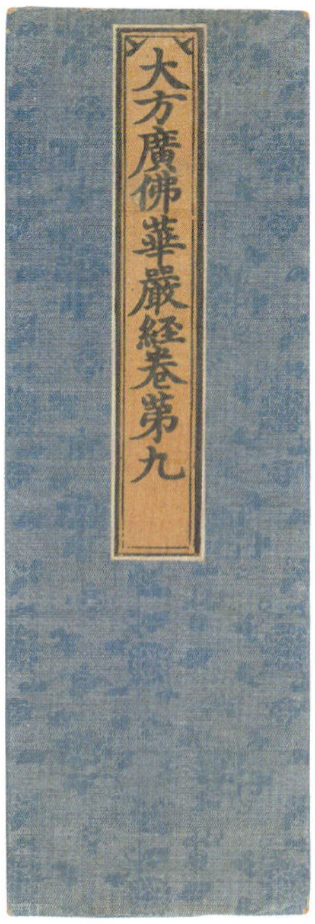

3.73 绿地缠枝莲暗花罗

纵：35cm，横：12cm

经线：绿色，S 强捻，直径 0.11mm，密度 133 根 /cm

地纬：绿色，S 强捻，直径 0.11mm，密度 19 根 /cm

纹纬：绿色，S 强捻，双股并用，直径 0.12×2mm，密度 16 根 /cm

地组织：经丝分甲、乙、丙、丁四种经丝，在每一奇数纬丝处作甲乙、丙丁二经绞扭，另在每偶数纬丝处作甲乙丙丁四经绞扭，形成横条罗纹地；

纹组织：纹纬每隔 7 根经线交织一次，织成表面平纹的纬浮花。

3.74 桔黄地凤穿莲暗花罗

纵：36.9cm，横：12.9cm

经线：桔黄色，S 强捻，直径 0.16mm，密度 116 根 /cm

地纬：桔黄色，S 强捻，直径 0.2mm，密度 14 根 /cm

纹纬：桔黄色，无捻，直径 0.36mm，密度 10 根 /cm

地组织：经丝分甲、乙、丙、丁四种经丝，在每一奇数纬丝处作甲乙、丙丁二经绞扭，另在每偶数纬丝处作甲乙丙丁四经绞扭，形成横条罗纹地；

纹组织：纹纬每隔 7 根经线交织一次，织成表面平纹的纬浮花。

3.75 桔红地四合如意连云暗花罗

纵：35cm，横：13cm

经线：桔红色，S 强捻，直径 0.1mm，密度 135 根 /cm

地纬：桔红色，S 强捻，双股并用，直径 0.08×2mm，密度 18 根 /cm

纹纬：桔红色，S 弱捻，双股并用，直径 0.11×2mm，密度 19 根 /cm

地组织：经丝分甲、乙、丙、丁四种经丝，在每一奇数纬丝处作甲乙、丙丁二经绞扭，另在每偶数纬丝处作甲乙丙丁四经绞扭，形成横条罗纹地；

纹组织：纹纬每隔 7 根经线交织一次，织成表面平纹的纬浮花。

3.76 湖色地凤穿缠枝莲暗花罗

纵：36.8cm，横：12.7cm

经线：湖色，Z 强捻，直径 0.1mm，密度 113 根 /cm

地纬：湖色，Z 弱捻，双股并用，直径 0.08×2mm，密度 18 根 /cm

纹纬：湖色，Z 弱捻，双股并用，直径 0.08×2mm，密度 16 根 /cm

地组织：经丝分甲、乙、丙、丁四种经丝，在每一奇数纬丝处作甲乙、丙丁二经绞扭，另在每偶数纬丝处作甲乙丙丁四经绞扭，形成横条罗纹地；

纹组织：纹纬每隔 7 根经线交织一次，织成表面平纹的纬浮花。

3.77 柳绿地缠枝莲暗花罗

纵：37.1cm，横：10.8cm

经线：柳绿色，S 强捻，直径 0.13mm，密度 126 根 /cm

地纬：柳绿色，S 强捻，直径 0.21mm，密度 16 根 /cm

纹纬：柳绿色，S 弱捻，直径 0.14mm，密度 20 根 /cm

地组织：经丝分甲、乙、丙、丁四种经丝，在每一奇数纬丝处作甲乙、丙丁二经绞扭，另在每偶数纬丝处作甲乙丙丁四经绞扭，形成横条罗纹地；

纹组织：纹纬每隔 7 根经线交织一次，织成表面平纹的纬浮花。

3.78 大红地四合如意连云杂宝暗花罗

纵：35.3cm，横：12cm

经线：大红色，Z 弱捻，直径 0.12mm，密度 133 根 /cm

地纬：大红色，S 强捻，双股并用，直径 0.14×2mm，密度 19 根 /cm

纹纬：大红色，S 弱捻，直径 0.19mm，密度 18 根 /cm

地组织：经丝分甲、乙、丙、丁四种经丝，在每一奇数纬丝处作甲乙、丙丁二经绞扭，另在每偶数纬丝处作甲乙丙丁四经绞扭，形成横条罗纹地；

纹组织：纹纬每隔 7 根经线交织一次，织成表面平纹的纬浮花。

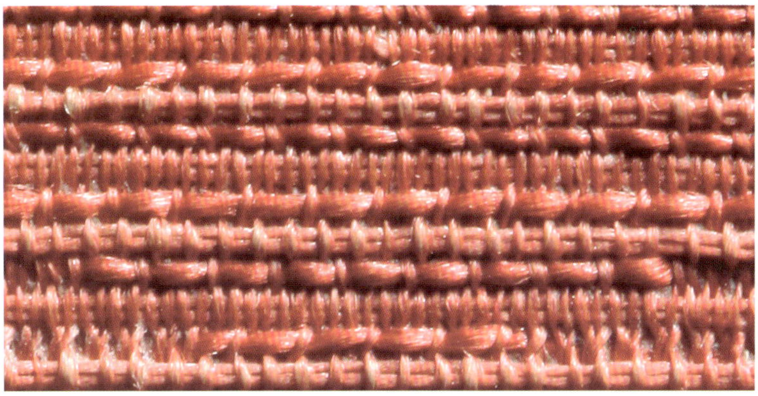

3.79 绿地凤穿四季花卉两色罗

纵：36.9cm，横：12.9cm

经线：绿色，S 强捻，直径 0.09mm，密度 136 根 /cm

地纬：绿色，S 强捻，双股并用，直径 0.05×2mm，密度 20 根 /cm

纹纬：红色，无捻，直径 0.31mm，密度 18 根 /cm

地组织：经丝分甲、乙、丙、丁四种经丝，在每一奇数纬丝处作甲乙、丙丁二经绞扭，另在每偶数纬丝处作甲乙丙丁四经绞扭，形成横条罗纹地；

纹组织：纹纬每隔 7 根经线交织一次，织成表面平纹的纬浮花。

3.80 桔黄地缠枝芙蓉两色罗

纵：35cm，横：12.3cm

经线：桔黄色，Z 强捻，直径 0.11mm，密度 162 根 /cm

地纬：桔黄色，Z 强捻，四股并用，直径 0.06×4mm，密度 13 根 /cm

纹纬：湖蓝色，无捻，直径 0.28mm，密度 14 根 /cm

地组织：经丝分甲、乙、丙、丁四种经丝，在每一奇数纬丝处作甲乙、丙丁二经绞扭，另在每偶数纬丝处作甲乙丙丁四经绞扭，形成横条罗纹地；

纹组织：纹纬每隔 7 根经线交织一次，织成表面平纹的纬浮花。

3.81 灰蓝地火焰云杂宝两色罗经皮

纵：36.9cm，横：12.9cm

经线：灰蓝色，Z 强捻，直径 0.12mm，密度 100 根 /cm

地纬：灰蓝色，无捻，三股并用，直径 0.07×3mm，密度 17 根 /cm

纹纬：红色，无捻，直径 0.32mm，密度 18 根 /cm

地组织：经丝分甲、乙、丙、丁四种经丝，在每一奇数纬丝处作甲乙、丙丁二经绞扭，另在每偶数纬丝处作甲乙丙丁四经绞扭，形成横条罗纹地；

纹组织：纹纬每隔 7 根经线交织一次，织成表面平纹的纬浮花。

3.82 大红地火焰云升降龙两色罗

纵：34.4cm，横：12.3cm

经线：大红色，Z 强捻，直径 0.11mm，密度 111 根 /cm

地纬：大红色，Z 强捻，双股并用，直径 0.07×2mm，密度 20 根 /cm

纹纬：黄色，Z 弱捻，双股并用，直径 0.1×2mm，密度 20 根 /cm

地组织：经丝分甲、乙、丙、丁四种经丝，在每一奇数纬丝处作甲乙、丙丁二经绞扭，另在每偶数纬丝处作甲乙丙丁四经绞扭，形成横条罗纹地；

纹组织：纹纬每隔 7 根经线交织一次，织成表面平纹的纬浮花。

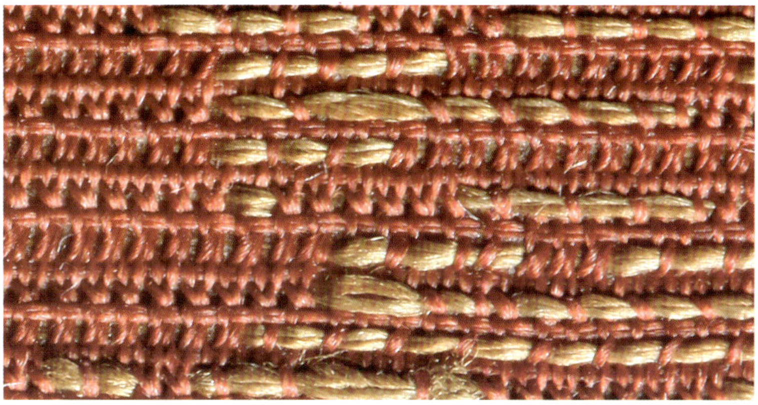

3.83 绿地缠枝莲两色罗

纵：35cm，横：13cm

经线：绿色，Z 弱捻，直径 0.11mm，密度 95 根 /cm

地纬：绿色，S 强捻，直径 0.21mm，密度 17 根 /cm

纹纬：红色，无捻，直径 0.23mm，密度 18 根 /cm

地组织：经丝分甲、乙、丙、丁四种经丝，在每一奇数纬丝处作甲乙、丙丁二经绞扭，另在每偶数纬丝处作甲乙丙丁四经绞扭，形成横条罗纹地；

纹组织：纹纬每隔 7 根经线交织一次，织成表面平纹的纬浮花。

3.84 绿地四合如意连云杂宝织金罗

纵：35cm，横：12cm

经线：绿色，无捻，直径 0.08mm，密度 152 根 /cm

地纬：绿色，S 强捻，双股并用，直径 0.15×2mm，密度 14 根 /cm

纹纬：片金线，直径 0.25mm，密度 13 根 /cm

地组织：经丝分甲、乙、丙、丁四种经丝，在每一奇数纬丝处作甲乙、丙丁二经绞扭，另在每偶数纬丝处作甲乙丙丁四经绞扭，形成横条罗纹地；

纹组织：隔 1 梭地纬起 1 梭片金线，纹纬每隔 7 根经线交织一次，织成表面平纹的金花。

3.85 桔黄地如意行云龙织金罗

纵：34.5cm，横：13cm

经线：桔黄色，Z 强捻，直径 0.13mm，密度 158 根 /cm

地纬：桔黄色，S 弱捻，三股并用，直径 0.04×3mm，密度 24 根 /cm

纹纬：两组，一组丝线是桔黄色，无捻，直径 0.21mm，密度 24 根 /cm；一组是捻金线，直径 0.2mm，密度 18 根 /cm

地组织：经丝分甲、乙、丙、丁四种经丝，在每一奇数纬丝处作甲乙、丙丁二经绞扭，另在每偶数纬丝处作甲乙丙丁四经绞扭，形成横条罗纹地；

纹组织：隔 1 梭地纬起 1 梭捻金线，纹纬每隔 7 根经线交织一次，织成表面平纹的金花。暗花部分，纹纬每隔 7 根经线交织一次，织成表面平纹的纬浮花。

3.86 大红地云水纹妆花罗

纵：35cm，横：12.4cm

经线：大红色，Z 强捻，直径 0.12mm，密度 125 根 /cm

地纬：大红色，Z 弱捻，三股并用，直径 0.07×3mm，密度 20 根 /cm

纹纬：有暗花与妆花两部分。暗花纹纬，大红色，无捻，直径 0.23mm，密度 20 根 /cm；妆花丝线有 5 种彩色无捻丝线，直径 0.3-0.34mm，密度 16-18 根 /cm

地组织：经丝分甲、乙、丙、丁四种经丝，在每一奇数纬丝处作甲乙、丙丁二经绞扭，另在每偶数纬丝处作甲乙丙丁四经绞扭，形成横条罗纹地；

纹组织：大红色纹纬每隔 7 根经线交织一次，织成表面平纹浮花。彩色纬线采用挖花织造，每隔 1 梭地纬织入 1 梭彩纬，与四经中的丙经交织成表面平纹彩花。

3.87 大红地云凤加金妆花罗

纵：35cm，横：12.2cm

经线：大红色，Z 强捻，直径 0.1mm，密度 153 根 /cm

地纬：大红色，Z 强捻，三股并用，直径 0.05×3mm，密度 14 根 /cm

纹纬：有暗花与妆花两部分。暗花纹纬，大红色，Z 弱捻，直径 0.2mm，密度 16 根 /cm，妆花丝线有 6 种彩色丝线及片金线。

纹纬 1：白色，无捻，直径 0.4mm，密度 16 根 /cm

纹纬 2：藏蓝色，无捻，直径 0.5mm，密度 14 根 /cm

纹纬 3：黄色，Z 弱捻，三股并用，直径 0.12×3mm，密度 16 根 /cm

纹纬 4：柳绿色，Z 弱捻，三股并用，直径 0.13×3mm，密度 15 根 /cm

纹纬 5：灰绿色，无捻，直径 0.35mm，密度 15 根 /cm

纹纬 6：大红色，无捻，直径 0.42mm，密度 16 根 /cm

纹纬 7：片金线，直径 0.3mm，密度 16 根 /cm

地组织：经丝分甲、乙、丙、丁四种经丝，在每一奇数纬丝处作甲乙、丙丁二经绞扭，另在每偶数纬丝处作甲乙丙丁四经绞扭，形成横条罗纹地；

纹组织：大红色纹纬每隔 7 根经线交织一次，织成表面平纹浮花。彩色纬线及片金线采用挖花织造，每隔 1 梭地纬织入 1 梭彩纬，纹饰边缘则织入片金，与四经中的丙经交织成表面平纹彩花。

3.88 大红地缠枝莲暗花假织罗

纵：35cm，横：13cm

经线：大红色，Z 强捻，直径 0.1mm，密度 125 根 /cm

纬线：大红色，Z 弱捻，直径 0.13mm，密度 62 根 /cm

地组织：一梭 4/1，一梭 1/1，2/1 变化排列；纹组织：1/4 Z 斜纹浮纬显花。

3.89 大红地缠枝莲两色假织罗

纵：34.4cm，横：12cm

经线：大红色，Z 强捻，直径 0.08mm，密度 125 根 /cm

地纬：大红色，两组，一组 Z 强捻，三股并用，直径 0.08×3mm，密度 20 根 /cm；另一组 Z 弱捻，双股并用，直径 0.08×2mm，密度 16 根 /cm

纹纬：明黄色，无捻，直径 0.6mm，密度 16 根 /cm

地组织：每隔一组 3 股并用的地纬再织入二组 2 股并用的地纬。一梭 4/1，一梭 1/1，2/1 变化排列；

纹组织：纹纬每隔 7 根经线交织一次，织成表面平纹的纬浮花。

3.90 灰绿地素罗

纵：35.2cm，横：12.2cm

经线：灰绿色，Z 弱捻，直径 0.1mm，密度 117 根 /cm

纬线：灰绿色，Z 强捻，直径 0.19mm，密度 21 根 /cm

组织：经丝分甲、乙、丙、丁四种经丝，在每一奇数纬丝处作甲乙、丙丁二经绞扭，另在每偶数纬丝处作甲乙丙丁四经绞扭，形成横条罗纹地。

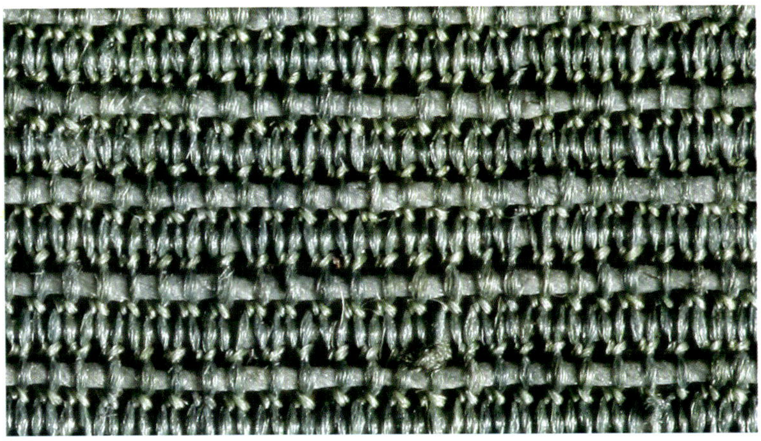

3.91 明黄地火焰云团龙暗花纱

纵：33cm，横：12cm

经线：明黄色，无捻，直径 0.15mm，密度 40 根 /cm

纬线：明黄色，无捻，直径 0.18mm，密度 26 根 /cm

地组织：二经绞纱；纹组织：1/1 方目纱。

3.92 灰绿地如意曲水纹暗花纱

纵：35.3cm，横：12.2cm

经线：灰绿色，无捻，直径 0.12mm，密度 40 根 /cm

纬线：灰绿色，无捻，直径 0.18mm，密度 48 根 /cm

地组织：1/1、1/5S 斜纹和 Z 斜纹；纹组织：1/1 方目纱、二经绞纱显花。

3.93 柳绿地方胜暗花纱

纵：35cm，横：12.3cm

经线：柳绿色，无捻，直径 0.12mm，密度 40 根 /cm

纬线：柳绿色，无捻，直径 0.18mm，密度 28 根 /cm

地组织：1/1 方目纱；纹组织：1/3S 斜纹显花。

3.94 藏蓝地桃实四合如意暗花纱

纵：35.5cm，横：12.2cm

经线：藏蓝色，无捻，直径 0.14mm，密度 39 根 /cm

纬线：藏蓝色，无捻，直径 0.28mm，密度 15 根 /cm

地组织：1/1 方目纱；纹组织：二经绞纱显花。

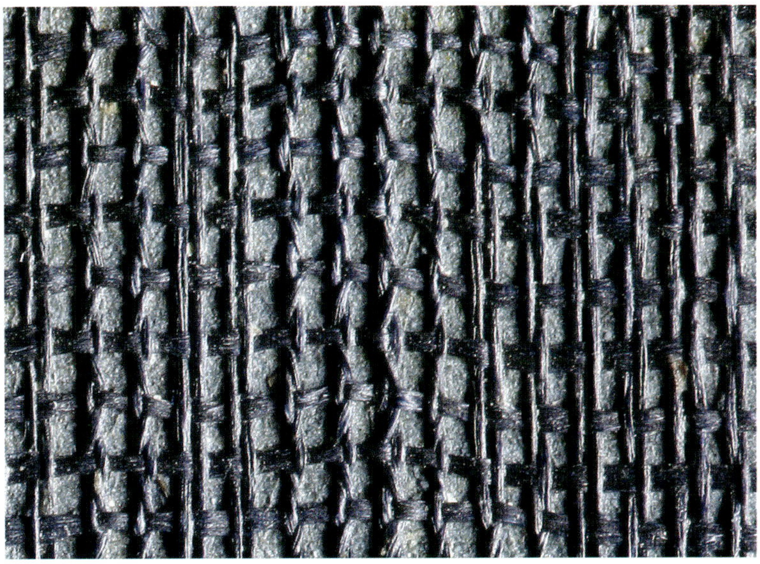

3.95 鹅黄地凤穿四季花卉两色纱

纵：33cm，横：11.6cm

经线：鹅黄色，无捻，直径 0.12mm，密度 45 根 /cm

地纬：鹅黄色，无捻，直径 0.18mm，密度 35 根 /cm

纹纬：绿色，无捻，直径 0.22mm，密度 33 根 /cm

地组织：1/1 方目纱；纹组织：1/3 Z 斜纹显花。

3.96 紫红地勾藤团龙杂宝织金纱

纵：32.5cm，横：12cm

经线：紫色，无捻，直径 0.12mm，密度 41 根 /cm

地纬：紫色，无捻，直径 0.22mm，密度 41 根 /cm

纹纬：片金线，直径 0.22mm，密度 17 根 /cm

地组织：1/1 方目纱；纹组织：1/3 平纹显花。

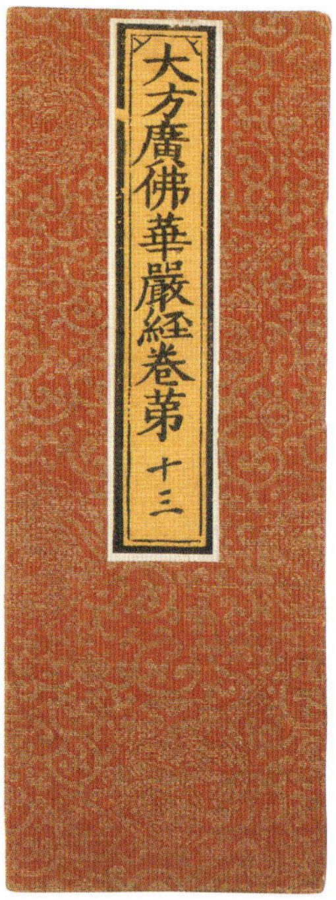

3.97 蓝绿地折枝花卉升降龙织金纱

纵：34.2cm，横：11.8cm

经线：蓝绿色，无捻，直径 0.09mm，密度 39 根 /cm

纬线：蓝绿色，Z 弱捻，四股并用，直径 0.09×4mm，密度 19 根 /cm

地组织：1/1 方目纱；纹组织：1/3 平纹显花。

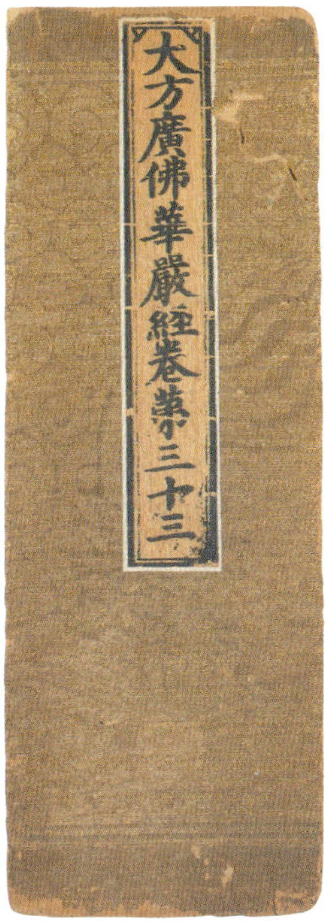

3.98 沉香色地凤纹捻金纱

纵：34cm，横：12cm

经线：沉香色，无捻，直径 0.11mm，密度 38 根 /cm

地纬：沉香色，无捻，直径 0.22mm，密度 35 根 /cm

纹纬：捻金线，直径 0.3mm，密度 18 根 /cm

地组织：1/1 方目纱；纹组织：1/6 捻金线显花。

3.99 沉香色地龙纹妆花纱

纵：32.8cm，横：11.4cm

经线：沉香色，无捻，直径 0.11mm，密度 36 根 /cm

地纬：沉香色，无捻，直径 0.22mm，密度 43 根 /cm

纹纬：由 4 种彩线组成

纹纬 1：蓝绿色，无捻，直径 0.55mm，密度 18 根 /cm

纹纬 2：黄色，无捻，直径 0.5mm，密度 19 根 /cm

纹纬 3：柳绿色，无捻，直径 0.52mm，密度 17 根 /cm

纹纬 4：白色，无捻，直径 0.45mm，密度 20 根 /cm

地组织：1/1 方目纱；纹组织：二经绞纱。

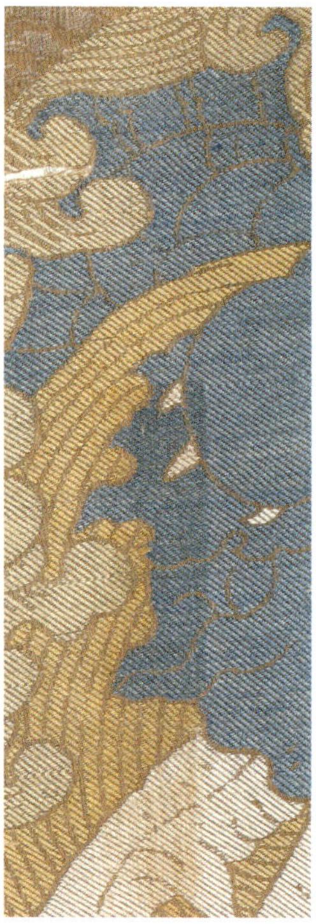

3.100 大红地云鹤织金妆花纱

纵：33cm，横：12cm

经线：大红色，无捻，直径 0.08mm，密度 37 根 /cm

地纬：大红色，无捻，直径 0.26mm，密度 37 根 /cm

纹纬：纹纬由八种彩线及片金线组成，分别是红、香黄、绿、浅绿、蓝、月白、浅黄、酱，纹纬丝线无捻，直径在 0.35 至 0.63mm 之间，密度在 14 至 18 根 /cm 之间；片金线直径 0.21mm，密度 23 根 /cm

地组织：1/1 方目纱；

纹组织：每隔 2 根地纬织入 1 根纹纬，1/3 平纹显花。

3.101 木红地朵梅菱格卐字纹锦

纵：35cm，横：12.2cm

经线：木红色，无捻，直径 0.13mm，密度 44 根 /cm

地纬：木红色，无捻，直径 0.35mm，密度 19 根 /cm

特经：黄色，弱捻，直径 0.13mm，密度 11 根 /cm

纹纬：由蓝、月白、黄彩线织成，彩线无捻，直径 0.4 至 0.6mm，密度 14 至 16 根 /cm

地组织：地经与地纬交织为平纹地纹；纹组织：特经与纹纬交织为平纹。

3.102 米黄地锁纹赤兔匣锦

纵：34cm，横：12cm

经线：米黄色，Z 强捻，直径 0.07mm，密度 97 根 /cm

地纬：白色，无捻，直径 0.18mm，密度 23 根 /cm

特经：白色，无捻，直径 0.05mm

纹纬 1：片金线，直径 0.16mm，密度 23 根 /cm

纹纬 2：灰绿色，无捻，直径 0.27mm，密度 27 根 /cm，1/8S（1 根纹经在上，8 根地经在下）斜纹起花

地组织：2/1 S 斜纹。片金线起锁纹花，每隔一组白色地纬织入一组金线，与白色地经，米色纹经按一定规律相交；

纹组织：1/8 S 斜纹起花。赤兔由白色地纬起花，朵花由灰绿色纹纬起花，白色地纬织边；朵花间的小如意花由片金线起花，灰绿色纹纬织边。

3.103 绿地四答晕团寿双层锦

纵：33.1cm，横：12cm
经线：绿色，Z 强捻，直径 0.08mm，密度 48 根 /cm
地纬：绿色，无捻，直径 0.33mm，密度 22 根 /cm
特经：明黄色，Z 强捻，直径 0.06mm，密度 63 根 /cm
纹纬：明黄色，无捻，直径 0.34mm，密度 21 根 /cm
地组织：1/1 平纹；纹组织：1/1 平纹起花。

3.104 木红地婴戏莲卍字棉锦

纵：33.6cm，横：12.1cm
经线：木红色，无捻，直径 0.05mm，密度 21 根 /cm
地纬：木红色，S 强捻，直径 0.35mm，密度 31 根 /cm
纹纬 1：黄色丝线织曲水纹花，直径 0.23mm，密度 19 根 /cm
纹纬 2：绿色丝线织折枝花叶、花茎，直径 0.37mm，密度 16 根 /cm
纹纬 3：蓝色丝线织人物，直径 0.28mm，密度 15 根 /cm
纹纬 4：白色丝线织人物面部、折枝花瓣，直径 0.34mm，密度 19 根 /cm
纹纬 5：粉色丝线织牡丹花瓣，直径 0.37mm，密度 16 根 /cm
纹纬 6：米色丝线织牡丹花心，直径 0.28mm，密度 14 根 /cm
地组织：3/1 斜纹；纹组织：1/5 纹纬显花。

3.105 栏杆杂宝织金锦

纵：34.6cm，横：13cm

经线：红色，无捻，直径 0.11mm，密度 43 根 /cm

地纬：红色，无捻，直径 0.22mm，密度 22 根 /cm

纹纬 1：米色，无捻，直径 0.6mm，密度 13 根 /cm

纹纬 2：绿色，无捻，直径 0.6mm，密度 16 根 /cm

纹纬 3：粉色，无捻，直径 0.4mm，密度 20 根 /cm

纹纬 4：藏蓝，无捻，直径 0.55mm，密度 18 根 /cm

纹纬 5：片金线，直径 0.29mm，密度 16 根 /cm

地组织：1/1 平纹；纹组织：1/3 S 斜纹显花。

3.106 沉香色地菱格纹缠枝莲织金锦

纵：34cm，横：12cm

经线：沉香色，S 强捻，直径 0.11mm，密度 81 根 /cm

地纬：沉香色，无捻，双股并用，直径 0.15×2mm，密度 27 根 /cm

纹纬 1：红色，无捻，直径 0.15×3mm，密度 20 根 /cm

纹纬 2：黄色，S 弱捻，由两股黄色、一股白色丝线组成，直径 0.13×3mm，密度 20 根 /cm

纹纬 3：宝蓝色，无捻，三股并用，直径 0.11×3mm，密度 19 根 /cm

纹纬 4：月白色，S 弱捻，三股并用，直径 0.13×3mm，密度 20 根 /cm

纹纬 5：浅绿色线，无捻，三股并用，直径 0.11×3mm，密度 21 根 /cm

纹纬 6：片金线，直径 0.28mm

地组织：2/1 Z 斜纹；纹组织：1/9 Z 斜纹显花。

3.107 粉红地云鹤织金妆花锦

纵：33.6cm，横：12cm

经线：米色，无捻，直径 0.1mm，密度 20 根 /cm

地纬：片金线，直径 0.43mm，密度 32 根 /cm

纹纬 1：桔红色，无捻，直径 0.51mm，密度 19 根 /cm

纹纬 2：白色，无捻，直径 0.47mm，密度 20 根 /cm

纹纬 3：月白色，直径 0.51，密度 19 根 /cm

纹纬 4：米色，无捻，直径 0.55mm，密度 18 根 /cm

纹纬 5：黑色，无捻，直径 0.5mm，密度 18 根 /cm

组织：1/3 S 斜纹显花。

3.108 米色地折枝花杂宝暗花绫

纵：34cm，横：12cm

经线：米色，无捻，直径 0.07mm，密度 12 根 /cm

纬线：米色，无捻，直径 0.25mm，密度 35 根 /cm

地组织：五枚二飞经面缎；纹组织：五枚二飞纬面缎。

3.109 蓝灰地云凤纹暗花绫

纵：33cm，横：11.8cm

经线：蓝灰色，无捻，直径 0.13mm，密度 12 根 /cm

纬线：蓝灰色，无捻，直径 0.25mm，密度 29 根 /cm

地组织：五枚三飞经面缎；纹组织：五枚三飞纬面缎。

3.110 月白地曲水折枝花卉暗花绫

纵：34.7cm，横：12.5cm

经线：月白色，无捻，直径 0.13mm，密度 76 根 /cm

纬线：月白色，无捻，直径 0.18mm，密度 46 根 /cm

地组织：2/1 Z 斜纹；纹组织：1/2 Z 斜纹显花。

3.111 银灰地缠枝宝相花暗花绫

纵：36cm，横：12.3cm

经线：银灰色，无捻，直径 0.24mm，密度 37 根 /cm

纬线：银灰色，无捻，直径 0.45mm，密度 21 根 /cm

地组织：5/1 S 斜纹；纹组织：1/5 Z 斜纹显花。

3.112 月蓝色地折枝花卉暗花缎绣盘金绣

纵：35cm，横：12cm

经线：月蓝色，Z 强捻，直径 0.06mm，密度 145 根 /cm

纬线：月蓝色，无捻，直径 0.19mm，密度 43 根 /cm

地组织：五枚三飞经面缎；

暗花纹组织：五枚三飞纬面缎；

盘金绣纹饰：金线 Z 捻，金色竹叶用无捻的白色丝线钉入 2 根一组的金线绣制而成。

3.113 大红地云龙折枝莲纳锦绣

纵：36.6cm，横：13.1cm

经线：白色，S 弱捻，直径 0.05mm，密度 37 根 /cm

纬线：白色，无捻，直径 0.31mm，密度 14 根 /cm

地组织：二经绞纱；

纹饰：由 9 种丝线绣制，分别是红、黄、柳绿、绿、蓝、月白、香色、粉、白色，绣线均无捻，直径在 0.48 至 0.55mm 之间，绣线密度 18 至 20 根 /cm

3.114 明黄地缠枝莲夹缬绢

纵：34cm，横：12cm

经线：黄色，无捻，直径 0.21mm，密度 34 根 /cm

纬线：黄色，无捻，直径 0.36mm，密度 30 根 /cm

地组织：1/1 平纹；

纹饰：蓝色缠枝莲夹缬纹饰。

3.115 宝蓝地“大方广佛华严经卷”两色缎织成

纵：37.5cm，横：12.3cm

经线：宝蓝色，Z 强捻，直径 0.06mm，密度 145 根 /cm

地纬：宝蓝色，Z 弱捻，直径 0.19mm，密度 43 根 /cm

纹纬：黄色，无捻，直径 0.39mm，密度 21 根 /cm

地组织：五枚二飞经面缎；纹组织：1/9 S 斜纹显花。

3.116 石青地莲花“中顶禅院”闪缎织成

纵：33.5cm，横：13cm

经线：灰绿色，Z 弱捻，直径 0.09mm，密度 111 根 /cm

纬线：香色，无捻，直径 0.19mm，密度 48 根 /cm

地组织：五枚二飞缎；纹组织：2/8 S 斜纹显花。

3.117 大红地云龙纹妆花缎织成

纵：33.7cm，横：12.6cm

经线：大红色，Z 强捻，直径 0.07mm，密度 123 根 /cm

地纬：大红色，无捻，直径 0.23mm，密度 43 根 /cm

纹纬：由蓝、柳绿、灰、黄、石青、绿、浅绿、浅灰、白九种颜色丝线织成，丝线均无捻，直径在 0.27 至 0.49mm 之间，密度 20 至 27 根 /cm

地组织：五枚二飞缎；纹组织：1/9 S 斜纹显花。

图版目录

贰 · 图案篇

叁·品种篇

后　记

在中国文化史中，丝绸的形式和内涵都是独特的。从养蚕缫丝到成衣使用，它包含了种养殖、工艺、技术、设计、礼仪、国家经济、贸易、文化交流等诸多方面。

在中国艺术史中，丝绸的美更是独具的。绚美的色彩，丰富的图案，高超的工艺，尤其是它独特的质感，给中国文化带来了特有的美感，绘画、诗词、文学无不见其影响。

大藏经研究课题的缘起可能要追溯到 20 世纪 90 年代。

20 世纪 80 年代，北京艺术博物馆建馆之初，已故丝绸专家、故宫博物院研究员陈娟娟先生和李淑华老师，在保管员的协助下，对馆藏的经皮进行了初次鉴定，首次完成了经皮的定名和建账工作；90 年代，北京艺术博物馆的保管人员对经皮进行了第二次整理，完成了经皮的分类、拍照、建档和重新排架工作，并对部分藏品进行展览和研究出版[1]；进入 2000 年，尤其是课题立项以后，课题组成员在课题负责人的带领下对藏品进一步加以整理和研究，对每件藏品的组织结构进行记录、分析。今天这个出版结果，可以说是经历了三代人的努力。

作为当时的保管员，我对经皮的注意是在 1992 年。当时正进行第二次整理。记得是 1992 年冬天的一个下午，冬日的暖阳穿过库房窗子外面的老柏树，穿过明代藏经楼改建的文物库房的木质窗子，懒懒、缓缓地照在我正在整理的经皮上。古老的建筑，柔曼的冬日斜阳，严格的记录工作，我身上御寒的军绿色的棉大衣，甚至空气中弥漫的古老的味道，和我在显微镜下看到的，经过阳光照射的经皮的斑斓的烂漫的甚至是时髦的颜色，光色耀人，那么和谐美妙，像是另一个世界。它瞬间征服了我的眼睛，以及我的内心。那种感受一直存留到今天。它也成为我和我的同事们进行今天这个课题研究的最初的动因。

大藏经丝绸裱封，俗称经皮。北京艺术博物馆的这批收藏共有 2300 多件。据我们的调查，在全国甚至全球的收藏机构中，艺博的经皮藏品也是比较集中的。它所涉及

1 梅宁华《北京文物精粹大系 · 织绣卷》，北京出版社，2001年。杨玲著《明清织绣》，台北艺术图书公司，1995年。

的品种，几乎囊括了明代丝织品种的全貌。图案题材纷复多样，也代表了明代丝织品图案设计的基本面貌。

课题在2007年经北京市文物局批准立项，得到了政府经费支持。课题组成员由北京艺术博物馆的六位同事组成，韩战明书记和馆长助理王群负责项目统筹，田晓负责经皮历史背景方面的研究，穆朝娜负责经皮图案的研究与明代丝织品资料的收集与概述，王淑珍、刘远洋负责经皮组织结构的分析研究。课题特别聘请了中国丝绸博物馆研究员薛雁老师担任副主编。在近三年的时间里，经历了奥运会，文物局全系统馆藏品重新登记建档，主编职务变动。课题组成员在完成本职工作的同时，贡献了大量的休息时间，查找资料、调查、整理、分类、筛选、拍照、写作。大家凭着对艺术、对专业的热爱，对职业的高度责任，历经冬寒夏暑，完成了本书的撰写，希望借此对明代社会生活史、艺术史，中国丝绸史的研究提供尽量翔实可靠的实物依据。也希望凭此初步的工作，得到更多专家学者的指正，推进艺术博物馆的藏品研究和业务人员的专业成长。

最后感谢北京市文物局王友泉处长的支持，感谢学苑出版社编辑洪文雄先生的辛勤付出，感谢摄影师孙之常先生的辛勤工作，感谢中国社科院明史所主任万明先生慨然应允作序，感谢所有为本书的出版付出时间与精力的人们！

杨 玲

2009年10月1日

图书在版编目（CIP）数据

北京艺术博物馆藏明代大藏经丝绸裱封研究 / 杨玲主编. －北京：学苑出版社，2011.11

ISBN 978-7-5077-3912-1

Ⅰ. ①北… Ⅱ. ①杨… Ⅲ. ①古丝绸－研究－中国－明代 Ⅳ. ① K876.94

中国版本图书馆CIP数据核字(2011)第243449号

责任编辑：洪文雄
装帧设计：徐道会
出版发行：学苑出版社
社　　址：北京市丰台区南方庄 2 号院 1 号楼
邮政编码：100079
网　　址：www.book001.com
电子信箱：xueyuan@public.bta.net.cn
销售电话：010-67675512　67678944　67601101（邮购）
经　　销：新华书店
印 刷 厂：北京彩蝶印刷有限公司
开本尺寸：889×1194　1/16
印　　张：19.5
字　　数：380 千字
图　　片：604 幅
印　　数：1500
版　　次：2013 年 3 月北京第 1 版
印　　次：2013 年 3 月第 1 次印刷
定　　价：280.00 元（精装）